Deutschbuch

Arbeitsheft 7

Berlin, Brandenburg, Mecklenburg-Vorpommern,
Sachsen, Sachsen-Anhalt, Thüringen

D1920257

Herausgegeben von
Andrea Wagener

Erarbeitet von
Petra Bowien, Birgit Patzelt
und Gerhild Schenk

Cornelsen

Inhaltsverzeichnis

Die Übersicht auf diesen Seiten hilft dir, die Arbeit mit dem Arbeitsheft zu planen und zu überprüfen. Nach dem Bearbeiten einer Übung musst du deine Ergebnisse sorgfältig mit dem Lösungsheft abgleichen. Trage ein, wann du die Seiten bearbeitet hast, und kreuze an, wie dir die Übungen gelungen sind:

☺ Gut gelungen! 😐 Das Meiste richtig. ☹ Manchmal unsicher.

Kennzeichnungen in diesem Arbeitsheft:

1 Aufgabe

●●● knifflige Aufgabe oder Aufgabe für die Schnellen

Merkwissen Zusammenfassung des Grundwissens

Tipp Tipps und Arbeitshilfen

→ Der Pfeil sagt dir, auf welcher Seite du etwas nachschlagen kannst.

Mit dem beiliegenden Lösungsheft kannst du deine Ergebnisse selbst überprüfen.

Informieren und berichten

Sachlich berichten

Merkwissen Schreibplan für einen Bericht

Ein Bericht informiert **knapp und genau** über ein vergangenes Ereignis.
Er beschränkt sich auf die **wesentlichen Informationen** und beantwortet die **W-Fragen**.
Plane den **Aufbau** deines Berichts:
- In der **Einleitung** informierst du knapp darüber, worum es geht: Was geschah? Wann geschah es? Wo geschah es? Wer war beteiligt?
- Im **Hauptteil** stellst du den Ablauf des Ereignisses in der zeitlich richtigen Reihenfolge dar: Wie lief das Ereignis ab? Warum?
- Am **Schluss** nennst du die Folgen des Ereignisses oder gibst einen Ausblick: Welche Folgen hatte das Ereignis?
- Formuliere eine knappe und treffende **Überschrift**, die das Ereignis genau benennt.

1 a Lies das Merkwissen und den folgenden Bericht. Begründe, inwiefern er ein gelungenes Beispiel darstellt.
b Schreibe die passenden W-Fragen an den Rand und unterstreiche die Antworten im Text.

Mustertext

Großartiges Seifenblasenspektakel

Einleitung

Am 16. Juni ab 15:00 Uhr stiegen vom Leipziger Augustusplatz Abertausende bunt schillernde Seifenblasen auf. Mehrere Hundert Menschen, junge und alte, Singles und Familien mit Kindern, waren dem Internetaufruf von „Zasuimi" gefolgt und versammelten sich scheinbar zufällig und unbeteiligt auf dem Augustusplatz.

Hauptteil

Um Punkt 15:00 Uhr ging der große Seifenblasenflashmob dann los. Die versammelte Menge zückte wie auf ein Kommando ihr Werkzeug, Seifenschaum und Blasröhrchen, Pustefix und Seifenblasenpistole, und legte los. Zur Begeisterung der Teilnehmer und der zufällig vorbeikommenden Passanten entstand eine riesige Wolke aus Seifenblasen. Die Faszination des Schauspiels war so groß, dass die Teilnehmer gar nicht wieder aufhören wollten und die vorgesehene Zeit des Abbruchs, 15:05 Uhr, weit überschritten.

Schluss

Unzählige Fotos und Videoaufnahmen dieser fröhlichen Aktion sind schon jetzt im Netz zu bewundern.

2 Tim möchte in seiner Schülerzeitung über eine ganz besondere „Facebook-Party“ berichten.

a Lies die Aussagen in den Sprechblasen genau und markiere die Informationen, die Antworten auf die W-Fragen geben, farbig.
blau: Was? Wann? Wo? Wer? gelb: Wie? Warum? grün: Welche Folgen?

b Zum Teil stimmen die Angaben nicht überein. Unterstreiche, welche wohl richtig sind.

Herr Hackmann (Polizeisprecher): Am 6. Juli 2013 kurz nach 21:00 Uhr verlor ein voll beladener Getränkelaster einen großen Teil seiner Ladung auf der Bundesstraße 6 im niedersächsischen Syke. Beim Durchfahren einer Rechtskurve öffnete sich aus noch ungeklärter Ursache eine Seitenklappe des Anhängers. Ein Großteil der Ladung, insgesamt 36 Paletten Mineralwasser und Limonade in Plastikflaschen, fiel auf die Fahrbahn. Die Bundesstraße musste komplett gesperrt werden. Die Feuerwehr reinigte zusammen mit freiwilligen Helfern die Einsatzstelle. Gegen 23:30 Uhr wurde die Bundesstraße 6 für den Verkehr wieder freigegeben.

Paul (freiwilliger Helfer): Boa, eh, liegt da so'n krassbunter Laster quer auf der Straße. Ich habe über 100 Flaschen in meinen Kofferraum gestopft. Jetzt gibt es erst 'ne Lage Cola mit Freunden und dann auch noch Pfandgeld. Das ist ein toller Stundenlohn fürs Straßeräumen!

Herr Schmidt (Feuerwehrmann): Ich vermute, dass der Lkw-Fahrer die Tür seines Wagens nicht richtig zugemacht hatte. Aber wir hatten Glück im Unglück. Der Fahrer des Lkw ist unverletzt geblieben. Außerdem haben die vielen freiwilligen Helfer dafür gesorgt, dass wir mit unseren Arbeiten superschnell vorankamen und die Sperrung der Straße schon bald wieder aufgehoben werden konnte.

Geschäftsführer der Getränkefirma: Ich betrachte den ärgerlichen Unfall als gelungene Werbeaktion. Das ist für uns gut gelaufen, und ich denke, die Bevölkerung hat auch noch etwas davon gehabt. Der eine mehr, der andere weniger.

Lena (freiwillige Helferin): Habe bei Facebook davon erfahren und bin sofort hingefahren! Das war ein krasser Anblick: Über eine Strecke von fast 100 Metern war die gesamte Bundesstraße total voll mit Getränkekisten und -flaschen. Freiwillige Helfer durften alles mitnehmen. Die Nachricht hat sich über Facebook sehr schnell verbreitet. Fast 200 Helfer waren vor Ort! Die Facebook-Party mit Freigetränken hat großen Spaß gemacht. Bei dem Wetter ist das eine tolle Sache!

Frau Müller (Anwohnerin): Das war schon wahnsinnig, wie schnell die Leute von dem Unfall erfahren haben. Offenbar hat jemand die Nachricht über Facebook verbreitet. Plötzlich kamen aus allen Richtungen Leute und haben sich mit Getränken eingedeckt. Offiziell heißen die jetzt „Helfer“, aber die aufgeplatzten Flaschen und den Dreck, den mussten dann doch die Leute von der freiwilligen Feuerwehr und die Anwohner beseitigen.

3 Lege für Tims Bericht einen Schreibplan an, indem du die Informationen in die Übersicht einträgst.

Einleitung

Was? *Lkw verlor Getränkeladung, Fahrbahn komplett gesperrt,*

Wann? ______

Wo? ______

Wer? ______

Hauptteil

Wie und warum? ______

______

Schluss

Welche Folgen? ______

______

4 Die folgende Einleitung ist nicht sachlich genug verfasst.
a Streiche überflüssige Kommentare durch.
b Unterstreiche Unsachliches und notiere in der Randspalte Verbesserungsvorschläge.

Tipp Schreibe **sachlich und nüchtern**. Vermeide Ausschmückungen, Umgangssprache oder Vermutungen.

Am 6. Juli 2013 verlor ein ~~sehr fantasievoll lackierter~~ Lkw auf der Bundesstraße 6 im niedersächsischen Syke voll viele Getränke, wahrscheinlich weil die Tür nicht richtig verschlossen war. Die ca. 200 über Facebook zusammengetrommelten Helfer, die die Feuerwehr unterstützten, verwandelten die Straße in eine supercoole Facebook-Party.

5 Arbeite den folgenden Textauszug von Tim im Heft richtig aus:
- Setze die Verben in Klammern ins richtige Tempus.
- Ordne die umrahmten Satzanfänge den Sätzen so zu, dass sie die Reihenfolge der Ereignisse deutlich machen.

[Nachdem] (öffnen) sich die Seitenklappe des Anhängers, woraufhin sich 36 Paletten Mineralwasser und Limonade in Plastikflaschen über fast 100 Meter Fahrbahn (verteilen). [Kurz darauf] die Bundesstraße voll gesperrt (werden), (beginnen) die Feuerwehr mit den Aufräumarbeiten. [Gegen 21 Uhr] (kommen) ca. 200 freiwillige Helfer dazu, die über Facebook von der Aktion (erfahren).

Tipp Mache die **Reihenfolge** der Ereignisse durch passende Satzanfänge deutlich, z. B.: *Zuerst …, Kurz darauf …*
Verwende als Zeitform das **Präteritum** *(fuhr, kamen)*.
Schreibe im **Plusquamperfekt**, wenn etwas vorher passiert ist, z. B.:
Nachdem die Helfer die Straße aufgeräumt hatten, gingen sie nach Hause.

Methode Redewiedergabe in der indirekten Rede

Um wiederzugeben, was jemand gesagt hat, verwendet man die indirekte Rede. Das Verb steht dann im Konjunktiv I (→ S. 38 f.), z. B.: *Der Feuerwehrmann sagte, er sei über den Ablauf der Aufräumarbeiten sehr froh.*

6 Tim möchte wiedergeben, was die Beteiligten zu dem Unfall gesagt haben.
Wandle die folgenden Zitate in indirekte Rede um.

Tipp Verwende im einleitenden Hauptsatz **abwechslungsreiche Verben**, z. B.: *feststellen, erklären, berichten, beschreiben, erzählen, sich freuen.*

A Freiwillige Helferin: „Die Nachricht hat sich über Facebook sehr schnell verbreitet."

Eine freiwillige Helferin erzählte, die Nachricht habe ____________________

____

B Freiwillige Helferin: „Die Facebook-Party mit Freigetränken hat großen Spaß gemacht."

____

____

C Feuerwehrmann: „Der Fahrer des Lkw ist unverletzt geblieben."

____

____

D Geschäftsführer der Getränkefirma: „Ich betrachte den ärgerlichen Unfall als gelungene Werbeaktion."

____

____

7 a Verfasse einen zusammenhängenden Hauptteil und einen Schluss für Tims Bericht. Verwende dazu deine Vorarbeiten aus den Aufgaben 5 und 6 und schreibe in dein Heft.
b Formuliere eine treffende Überschrift.

●●●8 Erstelle Fragen für eine Checkliste zum Schreiben eines Berichts.
Das Merkwissen und die Tipps auf den Seiten 4 und 6 helfen dir dabei.

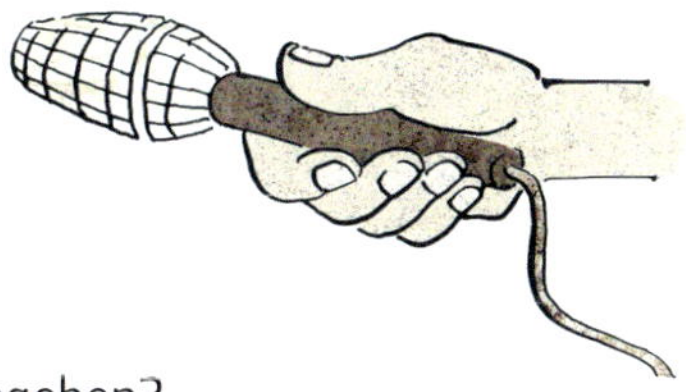

Beantwortet der Bericht alle ____________________?

Wurde das Geschehen in ____________________ wiedergegeben?

Informiert der Bericht ____________________ über das Ereignis?

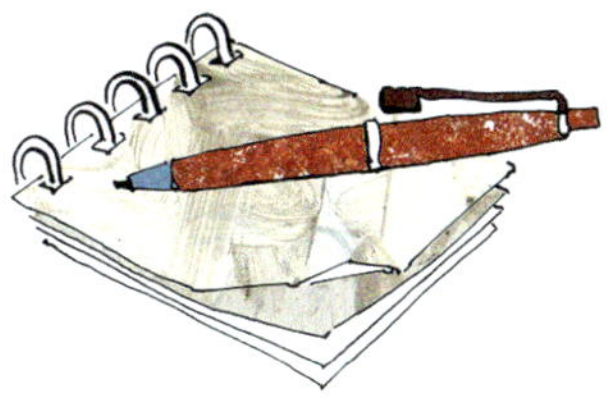

Ist der Bericht ____________________ formuliert?

Ist die Überschrift ____________________?

Wurde das richtige ____________ verwendet, nämlich ____________ oder ____________?

Argumentieren und überzeugen

Eine Pro-und-Kontra-Diskussion führen

Merkwissen Argumentieren: Meinung, Argument, Beispiel

Beim Argumentieren versucht man, überzeugend zu begründen: Man stellt eine **Meinung** (Behauptung) dar, die man durch **Argumente** stützt und durch **Beispiele** veranschaulicht bzw. erklärt:
- **Meinung:** *Meiner Meinung nach ist Lästern ein schlechtes Verhalten, …*
- **Argument:** *…, weil man damit Menschen sehr unrecht tun kann.*
- **Beispiel:** *Zum Beispiel wurde neulich behauptet, dass Lars blaugemacht hat, um sich vor der Klassenarbeit zu drücken. In Wirklichkeit stellte sich heraus, dass er eine schwere Grippe hatte.*

1 Lies das Merkwissen und den folgenden Brief. Welche Meinung vertritt die Lehrerin?

a Unterstreiche die Argumente der Lehrerin grün und die Beispiele für ihre Argumente blau.

b An einer Stelle nennt sie einen möglichen Einwand, um ihn sogleich zu entkräften. Suche diese Stelle heraus und erkläre, welche Wirkung sie dadurch erzielt.

Mustertext

Betreff: Handy-Verzicht auf der Klassenfahrt

Liebe Eltern,

Einleitung

wie Sie wissen, fahren wir in einer Woche auf Klassenfahrt. Ich möchte Sie dringend bitten, Ihrem Kind kein Handy auf diese Fahrt mitzugeben.

Hauptteil

Natürlich kann ich verstehen, dass Sie wissen möchten, ob es Ihrem Kind gut geht und wir heil angekommen sind. Deshalb werden wir nach unserer Ankunft eine Telefonkette starten, um Sie bezüglich unserer Fahrt zu beruhigen. Außerdem gibt es in unserer Jugendherberge ein Münztelefon, welches die Kinder bei Bedarf nutzen können. Dieses wird meiner Erfahrung nach jedoch anders in Anspruch genommen als ein Handy, für das man nichts vom mitgenommenen Taschengeld ausgeben muss.

Für den Verzicht auf das Mobiltelefon gibt es mehrere Gründe:

Handys verstärken bei Kindern, die damit ein Problem haben, das Heimweh, weil sie glauben, möglichst oft zu Hause anrufen zu müssen. Gerade der Klang der Stimme von Mutter oder Vater bestärkt sie aber in dem Gefühl von Trennung und Einsamkeit. Wenn sie nicht mit Ihnen telefonieren, sondern mit ihren Mitschülern spielen, vergessen sie dieses Gefühl jedoch schnell.

Auch für das Verhalten in der Gruppe haben sich Handys als schädlich erwiesen; denn einige Kinder verlassen sich darauf, dass ihre Eltern ihre Probleme für sie regeln, statt dies selbst zu tun. So habe ich zum Beispiel erlebt, dass ein Schüler auf der Klassenfahrt bei seiner Mutter anrief, weil er Streit mit seinen Zimmergenossen hatte. Ohne schnellen Kontakt nach Hause sind die Kinder darauf angewiesen, ihre Konflikte selbst zu lösen. Das klappt, wie sich immer wieder zeigt, sehr gut.

Zudem macht das Handy viele Schüler unzuverlässig, da sie glauben, ein Anruf genüge. Statt pünktlich am vereinbarten Treffpunkt zu erscheinen, rufen sie nur bei der Lehrkraft oder bei Mitschülern an und nennen fadenscheinige Gründe für ihre Verspätung. Wenn sie jedoch kein Handy dabeihaben, sind sie gezwungen, sich zu beeilen und im Falle einer Verspätung persönlich zu entschuldigen.

Schluss

Wie Sie sehen, stärkt der Handy-Verzicht Ihr Kind und sein Sozialverhalten, weil es lernt, auf eigenen Füßen zu stehen und seine Probleme selbst zu lösen. Bitte unterstützen Sie Ihr Kind dabei.

Mit freundlichen Grüßen

Katharina Müller

Katharina Müller (Klassenlehrerin der 7b)

2 a Lies die folgenden Sprechblasen.
b Prüfe für jede der Positionen, ob du ihr zustimmst oder nicht.
Trage ein: ✓ (= ich stimme zu) oder X (= ich bin anderer Meinung).

☐ Man sollte die Läster-Foren verbieten, weil es nicht alle etwas angeht, ob jemand gerade ein Kilo zugenommen hat oder nicht. Es ist nicht dasselbe, ob so etwas auf dem Schulhof oder im Internet herumgeht. Im Netz ist es einfach feige und unfair.
Nele Vennry, Potsdam

☐ Ich finde Ablästern im Internet gut. Wenn jemand einen den ganzen Tag nervt, will man einfach mal bei anderen Dampf ablassen. Das ist doch okay!
Merle Kärber, Dessau

☐ Lästern ist oft nah dran am Mobbing. Egal wie, das sollte verboten werden! Das Opfer muss oft lange Zeit unter den Anfeindungen leiden. Dass es dafür sogar extra Webseiten gibt, ist fies und gemein.
Mirko Klemens, Leipzig

☐ Man sollte das öffentliche Lästern verbieten. Wenn man motzen will, dann im Freundeskreis, aber doch nicht im Internet! Solche Sachen kann man ja nicht mehr löschen. Stell dir mal vor, du lästerst fröhlich über jemanden und nachher triffst du ihn und findest ihn ganz nett. Wäre doch schrecklich!
Theresa Dworscheck, Schwerin

☐ Läster-Seiten zu blockieren, das geht gar nicht! Das wäre Internet-Zensur, und die sollte eigentlich in einem Rechtsstaat wie Deutschland verboten sein. Wenn man die Seiten blockiert, hilft man dem Opfer nicht, sondern duckt sich nur weg. Der Betroffene wird nämlich einfach weitergemobbt, etwa per E-Mail oder SMS.
Samuel Rabé, Erfurt

3 a Worüber äußern sich die Jugendlichen? Gib das Thema mit eigenen Worten als Frage wieder.
b Unterstreiche in den Sprechblasen **Meinungen schwarz**, Argumente grün und Beispiele blau.
c Trage die Argumente mit eigenen Worten in die nachfolgende Tabelle ein.

Das Thema als Frage: ____________________

Argumente pro (dafür)	**Argumente kontra (dagegen)**

Einen Leserbrief schreiben

Methode Schreibplan für einen Leserbrief

In einem Leserbrief nimmst du persönlich Stellung zu einem Artikel in einer Zeitung oder Zeitschrift. Baue den Leserbrief so auf:
- **Betreffzeile:** Gib knapp den Bezug zum Zeitungsartikel an.
- **Anrede:** Beginne mit der **Anrede**, danach folgt ein **Komma**.
- **Einleitung:** Erkläre, worum es geht (**Thema** oder strittige Frage).
- **Hauptteil:** Formuliere deine **Meinung** zu diesem Thema / dieser Frage.
  - Argumente: Führe zwei bis drei überzeugende **Argumente** (Begründungen) an und veranschauliche diese nach Möglichkeit durch **Beispiele**.
    Deine Argumentation wird überzeugender, wenn du die Argumente nach zunehmender Wichtigkeit anordnest.
  - Mögliche Einwände (Gegenargumente) kannst du nennen, um sie zu entkräften.
- **Schluss:** Fasse dein Anliegen (z. B. als **Vorschlag oder Wunsch**) noch einmal zusammen.
- **Gruß:** Schließe mit einer **Grußformel** und deiner **Unterschrift**.

4 Beteilige dich an der Diskussion über Läster-Foren im Internet.
Bereite schrittweise einen Leserbrief vor.

a **Schritt 1:** Kreuze an, welche Position du vertreten willst.

In meinem Leserbrief argumentiere ich …

☐ **für** das Verbot von Läster-Foren (pro). ☐ **gegen** das Verbot von Läster-Foren (kontra).

b **Schritt 2:** Notiere in Stichwörtern die Argumente, die du anführen willst.
Du kannst auf Argumente von S. 9 zurückgreifen oder weitere eigene Argumente finden.

c **Schritt 3:** Suche zu jedem dieser Argumente ein Beispiel als Stütze.

Meine Argumente:	**Meine Beispiele dazu:**
(1) ______	*(1)* ______
______	______
(2) ______	*(2)* ______
______	______

d **Schritt 4:** Schreibe einen Einwand auf, der gegen deine Meinung erhoben werden könnte.

______

e Entkräfte diesen Einwand mit einem weiteren Argument.
Verwende die nebenstehenden Formulierungshilfen.

______

______

______

Tipp Einwände entkräften

Sicherlich kann man einwenden, dass …
Dennoch habe ich die Erfahrung gemacht, dass …
Obwohl … denken, dass …, muss man berücksichtigen, dass …
Es ist schon richtig, dass …
Es darf aber nicht übersehen werden, dass …

5 Schreibe den zusammenhängenden Leserbrief.
Tipp: Orientiere dich an der folgenden Gliederung und dem Methodenkasten auf S. 10.
Verwende die Argumente und Beispiele, die du in Aufgabe 4 vorbereitet hast.

Betreffzeile	*Artikel zu Läster-Foren in „jugendjetzt" 9/2013*
Anrede	*Liebe Redaktion,*
Einleitung: Thema/Frage (Überleitung zum Hauptteil)	*mit Interesse las ich*
Hauptteil: Meinung	
Zwei bis drei Argumente und Beispiele (evtl. Einwand entkräften)	
Schluss: Zusammenfassung, Vorschlag, Wunsch	
Gruß	
Unterschrift	

6 Lies noch einmal den Brief der Klassenlehrerin Katharina Müller auf S. 8.

a Notiere die drei wichtigsten Argumente der Lehrerin gegen die Mitnahme von Handys und überlege, wie du sie entkräften könntest.

b Notiere weitere wichtige Argumente für die Gegenposition zu Frau Müller und ordne sie nach ihrer Überzeugungskraft.

c Schreibe einen zusammenhängenden Brief aus der Perspektive der Eltern an die Lehrerin, in dem du Position für die Mitnahme von Handys auf die Klassenfahrt beziehst.

Beschreiben und erklären

Eine Person beschreiben

Merkwissen Schreibplan für eine Personenbeschreibung

Aufbau:
- Mache in der **Einleitung** allgemeine Angaben zur Person (z. B. Geschlecht, Alter, Nationalität).
- Beschreibe im **Hauptteil** das Aussehen der Person in einer geordneten Reihenfolge, von oben (z. B. Kopf, Haare, Gesicht) nach unten (z. B. Kleidung, Körperbau, Körperhaltung, Schuhe).
- Beschreibe am **Schluss**, wie die Person auf dich wirkt.

Schreibe im **Präsens** und formuliere in **sachlicher Sprache**.

1 Sieh dir das Foto dieser chinesischen Teepflückerin genau an.

Geschlecht: ____________________

Alter (geschätzt): ____________________

Größe (geschätzt): *1,60 m* ____________________

Figur/Körperhaltung: ____________________

Nationalität: ____________________

Tätigkeit: ____________________

2 Die Teepflückerin auf dem Foto trägt traditionelle Kleidung.
Beschreibe diese genau: Die angebotenen Formulierungen unterstützen dich.

Stickerei: Blumenmotive

Farben: dunkelblau, weiß, mittelblau, schwarzblau

Verzierung: Zierleiste, eingefasst

Kragen: hochgeschlossener Stehkragen, abgerundete Ecken

Knopfleiste: rechte Brustseite, weiße Knebelknöpfe, Schlaufenverschlüsse

Länge der Jacke: halblang, reicht bis zu den Oberschenkeln, seitlich etwas geschlitzt

Über einer mittelblauen Bluse, deren Ärmel etwas hochgekrempelt sind, trägt die Arbeiterin ____________________

____

____

____

____

____

3 Arbeite eine vollständige Personenbeschreibung aus und schreibe sie in dein Heft.

Ein Bild beschreiben

Merkwissen Schreibplan für eine Bildbeschreibung

Aufbau:
- In der **Einleitung** informierst du über den Titel, die Künstlerin/den Künstler (sofern bekannt), die Entstehungszeit, die Technik (z. B.: Aquarell, Öl auf Leinwand oder Holz), das Format (Hochformat oder Querformat) sowie über den Gegenstand des Bildes.
- Im **Hauptteil** beschreibst du genau, was du siehst. Gehe vom **Gesamteindruck** des Bildes oder vom **Hauptmotiv** aus (Was ist abgebildet?). Erwähne dann die **Einzelheiten**. Gehe geordnet vor, z. B.: von der linken zur rechten Bildhälfte, von oben nach unten oder von vorn (Vordergrund) über die Mitte (Mittelgrund) nach hinten (Hintergrund). Beschreibe die **Farbgestaltung** (Welche Farben? Helle oder dunkle Farbtöne?) und eventuell auch die Formen oder Flächen (z. B.: rund, eckig, weich) genau.
- Am **Schluss** gibst du wieder, wie das Bild insgesamt auf dich wirkt.

Schreibe im **Präsens** und formuliere in **sachlicher Sprache**.

1 a Betrachte das Bild und lies das Merkwissen sowie die folgende Bildbeschreibung.
b Begründe, inwieweit die Beschreibung ein gelungenes Beispiel darstellt.

Muster-text

Reisanbau

Einleitung

Das quadratische, vermutlich aus dem 19. Jahrhundert stammende chinesische Aquarell „Reisanbau" zeigt eine Gruppe von Männern beim Setzen von Reispflänzchen.

Hauptteil

Von oben, so als stünde er auf einem Hügel, schaut der Betrachter auf eine ländliche Szene in China.
Im Vordergrund sieht man fünf Bauern, die dabei sind, Reis zu pflanzen. Sie stehen bei ihrer Arbeit bis zu den Knöcheln im Wasser. Während drei von ihnen sich vorbeugen, um die Pflanzen in den nassen Untergrund zu stecken, haben die beiden anderen jeweils ein Büschel mit Reishalmen in den Händen, die sie den anderen zuzureichen scheinen.
Im Bildmittelgrund stehen drei Männer auf einer Landbrücke zwischen dem gefluteten Reisfeld und einer großen Wasserfläche. Der rechts stehende Mann hält ein Tragjoch, das er offenbar gerade abgenommen hat. In den beiden Tragekörben links und rechts befinden sich junge Reispflanzen. Neben ihm steht ein zweiter Träger und spricht mit ihm. Der dritte Träger befindet sich etwas weiter links neben einem weiteren Korb voller Pflanzen. Vermutlich warten die drei Männer darauf, dass ein vierter, der gerade von der rechten Seite ins Wasser steigt, ihnen ihre Last abnimmt und sie den pflanzenden Bauern bringt.
Im Bildhintergrund sieht man eine Holzbrücke, die an drei Stellen auf Pfählen ruht und die Landbrücke mit dem von Büschen und Bäumen weitgehend verdeckten Dorf verbindet.
Das Bild ist insgesamt vorwiegend in Grün- und Brauntönen gehalten. Lediglich das Kornblumenblau des Oberteils des mittleren Pflanzers und des mittleren Trägers stechen leicht hervor, während die Kleidung der übrigen Personen eher hell und unauffällig ist. Ein Teil der Männer trägt zum Schutz gegen die Sonne geflochtene Strohhüte. Bei den übrigen sieht man die traditionelle hochgesteckte Zopffrisur.

Schluss

Trotz der schweren Arbeit, die die Männer leisten, wirkt die Szene eher ruhig und beschaulich. Das Bild vermittelt somit den Eindruck einer geordneten und heilen Welt, in der alle zufrieden sind.

Traditionelle Bilder chinesischer Maler möchten Vollkommenheit, Harmonie und Schönheit zum Ausdruck bringen, oft auch eine tiefe Verbundenheit mit der Natur.

Reisverarbeitung, 19. Jahrhundert, unbekannter Maler (Buchmalerei), Wasserfarbe (Aquarell)

2 Betrachte das Bild genau. Notiere stichpunktartig, was du siehst.

Gesamteindruck: ______________________

____

____

Hauptmotiv (Was wird dargestellt?):

____

____

Natur (z. B.: Landschaft, Pflanzen): ______________________

____

____

Tiere: ______________________

____

____

Gebäude: ______________________

____

Figuren (z. B.: Kleidung, Aussehen): ______________________

____

____

____

Tätigkeiten: ______________________

____

____

____

3 Untersuche den Aufbau des Bildes auf S. 14 und notiere: Wo befindet sich was?

Hintergrund: ______

Mittelgrund: ______

Vordergrund: *Drei Arbeiter sieben frisch geernteten Reis mithilfe von großen geflochtenen Sieben.*

4 a Benenne die Farben im Bild. Wähle passende Farbadjektive aus und notiere diese neben dem Bild.

Grüntöne: hellgrün, flaschengrün, gelbgrün, blaugrün, dunkelgrün, schwarzgrün, leuchtend grün, blassgrün

Gelb-/Brauntöne: rostbraun, dunkelbraun, hellbraun, beigefarben, sandfarben, ocker, honiggelb, hellgelb, fleischfarben

Blautöne: zartlila, blassblau, mittelblau, graublau, lichtgrau, leuchtend blau

Rottöne: rot, rotbraun, hellrot, rosa, violett, purpur

A ______

B ______

C ______

D ______

E ______

F ______

G ______

H ______

I ______

J ______

K ______

L ______

M ______

N ______

O ______

b Beschreibe die Farbgebung des Bildes zusammenfassend. Wie wirkt sie auf dich?

Die Farbgebung des Bildes ist ______

5 Arbeite eine vollständige Beschreibung des Bildes „Reisverarbeitung" aus und schreibe sie in dein Heft. Berücksichtige alle auf S. 14 und 15 erarbeiteten Punkte.
Tipp: Nutze für eine sinnvolle Gliederung das Merkwissen auf S. 13.
Beginne so: *Das fast quadratische, aus dem 19. Jahrhundert stammende chinesiche Aquarell mit dem Titel „Reisverarbeitung" zeigt …*

Tipp Verwende **treffende Verben**: *zeigen, abbilden, darstellen, besitzen, aufweisen, aussehen*

Schildern

Merkwissen Anschaulich und lebendig beschreiben

Schildern heißt, eine Situation oder Stimmung **mit Worten** anschaulich und lebendig **auszumalen**. Schilderungen sind handlungsarm und geben **Wahrnehmungen**, **Sinneseindrücke** (sehen, hören, fühlen, riechen, schmecken) sowie **persönliche Gedanken** und **Empfindungen** wieder. Sie beruhen auf genauen Beobachtungen.
Sprachliche Gestaltungsmittel für eine anschauliche Schilderung:
- **anschauliche Adjektive** und **Partizipien**, z. B.: *beschaulich, idyllisch, verträumt, geruhsam,*
- **ausdrucksstarke Verben**, z. B.: *fließen, strömen, kräuseln, wirbeln,*
- **sprachliche Bilder** wie Vergleiche, Metaphern und Personifikationen (→ S. 17).

Mustertext

Auf der Havel

Es glitzert und funkelt. Das Sonnenlicht tanzt über die leichten Wellen des Flusses und blendet die Augen. Gleichzeitig wiegt sich unser Boot sanft in der Strömung, als lägen wir auf einem Wasserbett. Und aus Wasser ist er ja auch, der Untergrund, auf dem wir uns bewegen. Zusammen mit zwei Freundinnen paddle ich auf der Havel nördlich von Berlin.

Begonnen haben wir unsere Flussfahrt vor ein paar Stunden auf dem Tornowsee. Mit mulmigen Gefühlen haben wir das schwankende Gefährt, ein offenes grünes Kanu, bestiegen und die ersten Paddelversuche unternommen. Auf unsere unbeholfenen Bemühungen, mit dem Stechpaddel vorwärtszukommen, hat das Boot zunächst bockig reagiert wie ein störrischer Esel. Nach ein paar Kilometern jedoch sind wir allmählich in Übung gekommen und unser Kanu hat uns schließlich brav und verlässlich gehorcht. Monika hat inzwischen das Steuern übernommen und hält uns mit Kommandos wie „Jetzt mal nicht paddeln!" oder „Alle links paddeln!" auf Kurs.

Durch einen verwunschenen Wasserpfad, einen fast zugewucherten Stichkanal, sind wir zur Havel gelangt, die uns mit ihrer sanften Strömung in ihre Arme nahm.

Nun fühlen wir uns wie drei Abenteurerinnen auf großer Fahrt in den Tropen. Statt Flusspferde oder Krokodile sehen wir Stockenten und Fischreiher. An den seichten Stellen strecken Wasseralgen ihre langen Finger nach uns aus. Wie bunte Hubschrauber huschen Libellen über die Wasseroberfläche. Am liebsten würden wir uns immer so treiben lassen …

1 a Beschreibe, wie sich die Mädchen während der Kanufahrt gefühlt haben.
b Schreibe möglichst viele Adjektive in dein Heft, die zu dieser Stimmung passen.

Merkwissen Sprachliche Bilder

- **Der Vergleich:** Bei einem Vergleich werden zwei verschiedene Vorstellungen durch *wie* oder *als ob* miteinander verknüpft, z. B.: *Das Kanu tanzt wie eine Nussschale auf den Wellen.* Oder: *Das Kanu tanzt so anmutig auf den Wellen, als ob es eine kleine Meerjungfrau wäre.*
- **Die Metapher:** Bei einer Metapher wird ein Wort nicht wörtlich, sondern in einer übertragenen (bildlichen) Bedeutung gebraucht, z. B. *Nussschale* für Kanu: *Unsere Nussschale tanzt auf den Wellen.*
- **Die Personifikation** (Vermenschlichung) ist eine besondere Form der Metapher. Gegenstände, Begriffe oder die Natur werden vermenschlicht, d. h., ihnen werden menschliche Verhaltensweisen und Eigenschaften zugesprochen, z. B.: *Das kleine Boot trägt uns sicher durch die Wellen.*

2 Markiere im Text auf S. 16 die Vergleiche orange, die Metaphern grün und die Personifikationen blau.

3 a Stelle dir einen plötzlichen Wetterumschwung auf dieser Paddeltour vor und schreibe passende sprachliche Bilder dafür auf. Du kannst dich dabei von dem Wortspeicher anregen lassen oder eigene Formulierungen verwenden.

Blitz | Donner | Wellen | Regen | Sturm | Böen | Sintflut | Rodeo | Achterbahn | heftiger Atem | kalte Dusche | Keuchen einer Dampflock | Schreckschüsse | Schlaglöcher | Nussschale | finster | dunkel | eisig | heftig | hoch | nieder | blasen | peitschen | prasseln | klatschen | schütten | prusten | krachen | schlagen | einschüchtern | jagen | verschlingen | kämpfen | auf jemanden eindreschen

Vergleiche: *es schüttet wie aus Eimern, …*

Metaphern: *aufleuchtende Himmelsadern, …*

Personifikationen: *die Welle verschlingt uns, …*

andere sprachliche Bilder: *…*

b Nenne mögliche Gefühle und Empfindungen bei einem solchen Wetterumschwung.

4 a Schildere nun mithilfe der in Aufgabe 3 gefundenen Formulierungen, wie sich die Situation der Mädchen (S. 16) verändert hat. Mache die Gefühle der Erzählerin deutlich.

b Überarbeite deine Fortsetzung anschließend nach dem ESAU-Verfahren. Schreibe in dein Heft.

Methode Texte überarbeiten: Das ESAU-Verfahren

- **E**rgänzen: fehlende Wörter, Sätze, Gedanken oder Abschnitte ergänzen.
- **S**treichen: überflüssige Wörter, Sätze, Gedanken oder Abschnitte streichen.
- **A**ustauschen: unpassende Wörter, Sätze, Gedanken oder Abschnitte durch treffendere ersetzen.
- **U**mstellen: bei unstimmiger Reihenfolge von Wörtern, Satzgliedern o. Ä. umstellen (verschieben).

Informationen entnehmen und vergleichen

Einen Sachtext lesen und verstehen

Methode Die Fünf-Schritt-Lesemethode

1. Schritt: Einen Überblick gewinnen
Lies die Überschrift(en) und die ersten Zeilen des Textes, betrachte die Abbildungen.

2. Schritt: Den Text zügig lesen
Lies den gesamten Text zügig durch. Mache dir klar, was das Thema des Textes ist.

3. Schritt: Unbekannte Wörter und Textstellen klären
Kläre dir unbekannte Wörter und schwierige Textstellen durch Nachdenken oder Nachschlagen.

4. Schritt: Den Text sorgfältig lesen und bearbeiten
Markiere Schlüsselwörter, gliedere den Text in Sinnabschnitte und notiere dazu Zwischenüberschriften.

5. Schritt: Die Informationen zusammenfassen
Fasse die Informationen des Textes in Stichwörtern oder wenigen Sätzen zusammen.

1 **1. Schritt (Überblick)**
Lies die Überschrift und überfliege den Anfang des folgenden Sachtextes. Sieh dir die Abbildung auf S. 19 an. Überlege, was du möglicherweise schon über das Thema weißt.

2 **2. Schritt (erstes zügiges Lesen)**
a Lies den folgenden Text über die Sportart Parkour zügig durch. Markiere dir unbekannte Wörter.
Tipp: Halte dich nicht lange mit Einzelheiten auf, die dir noch unverständlich sind.
b Notiere nach dem ersten Lesen das Thema des Textes.

Neue Sportart Parkour – ein akrobatischer Hindernislauf
von Martine Conrad

Seine Augen suchen verzweifelt nach einem Ausweg. In einer scheinbar aussichtslosen Position balanciert der Schurke Malloka am Ende des Kranarms. Doch mit katzenhafter Eleganz fliegt er in einem Doppelsprung auf das nächste Hausdach, um James Bond, dem Agenten Ihrer Majestät, zu entkommen.
Im Bond-Film „Casino Royale“ wirken die Darbietungen von Sébastien Foucan, der Malloka spielt, als könne er die Gesetze der Schwerkraft überwinden. Doch Foucan ist nur Miterfinder einer neuen Sportart, des „Parkour“. Dabei geht es darum, in gradliniger, fließender Bewegung Hindernisse wie Zäune, Mauern und Abgründe zu überwinden, die der normale Läufer in der Stadt umgehen muss. Entwickelt hat sich diese akrobatische Form der Fortbewegung in den Betonwüsten der französischen Satellitenstädte, welche den Anhängern von Parkour ein hervorragendes Übungsgelände bieten.

Bei Jugendlichen – besonders bei Jungen – liegt die extreme Form des Hindernislaufs zurzeit voll im Trend, weil sie ähnlich wie Skaten zum Bestandteil der Jugendkultur geworden ist. Dutzende von Spielfilmen,

Musikvideos und Werbeclips enthalten mittlerweile Stunt- und Akrobatikszenen im Stil von Parkour. Und so kann man in praktisch allen deutschen Großstädten Clubs und Gruppen finden, die sich der Vermittlung der neuen Sportart widmen.

Bevor man wie Sébastien Foucan gradlinig über städtische Hindernisse hechten kann, steht hartes Training auf dem Programm. Die künftigen Traceure – so nennen sich die Parkourläufer selbst – müssen zunächst die Grundlagen des Sports sicher beherrschen, um Verletzungen bei Sprüngen und Landungen zu vermeiden. Deshalb hat sich der Hamburger Schüler Richard an diesem Wochenende zu einem Parkourworkshop in der Hansestadt angemeldet. In einer alten Fabrikhalle haben die Veranstalter eine künstliche Landschaft aus typischen Parkour-Hindernissen aufgebaut. Die Mauern, Treppen und Geländer aus aufgerauter Spanplatte sind nicht nur weicher als Beton, sie lassen sich auch leicht zu immer neuen Hindernissen zusammenstellen. Zunächst erklären die Trainer die Grundideen von Parkour: Es geht darum, sich in der Stadt quasi auf der Luftlinie von A nach B zu bewegen. Zur Überwindung von Hindernissen muss der Traceur dazu horizontale Energie, die Laufgeschwindigkeit, in vertikale Energie, die Sprungenergie, umwandeln. Springt der Läufer von Hindernissen in die Tiefe, fängt er die Fallgeschwindigkeit durch geschicktes Abfedern und Abrollen über die Schulter ab.

Dann führen die Profis einige Basistechniken vor: Katzensprung, Hochziehen an der Mauer, Präzisionssprung und Abrollen. Schließlich sind die Neueinsteiger an der Reihe. Richard lernt schnell, aus dem Anlauf genau auf eine Linie zu springen, die der Trainer auf dem Boden markiert hat. Die nächste Übung gestaltet sich deutlich schwieriger, denn die Teilnehmer sollen mit Anlauf sicher auf die dritte Stufe eines Treppenhindernisses springen. Was auf der ersten Stufe noch gut klappt, sieht auf der höchsten zunächst noch ziemlich wacklig aus. Die meisten Teilnehmer rutschen ab oder müssen die Hände zur Hilfe nehmen. Doch nach einer halben Stunde gelingt es schließlich allen, die enge Landefläche präzise zu treffen und stehend die Balance zu halten. Richard ist begeistert. Er will nach dem Workshop auf jeden Fall mit Parkour weitermachen.

Für seinen Trainer Marc hat sich Parkour schon zu einer echten Nebenbeschäftigung entwickelt. Der Abiturient ist seit nunmehr vier Jahren dabei. Er gibt nicht nur Kurse für Anfänger und Fortgeschrittene, sondern nimmt auch regelmäßig an Wettbewerben im Freerunning teil. Dabei handelt es sich um die Wettkampfvariante von Parkour. Vor Kurzem schaffte es Marc sogar auf die Bühne: Er zeigte im Rahmen eines Jugendmusicals waghalsige Kunststücke zu Hip-Hop-Musik. Die Zukunft seiner Sportart sieht er rosig: „Parkour ist voll im Trend. Wenn das so weitergeht, wechseln demnächst alle Skater zu uns“, meint der 19-Jährige stolz.

3 3. Schritt (Wörter und Textstellen klären)

Tipp Wörter und Textstellen klären
- Die Bedeutung **unbekannter Wörter** kannst du oft aus dem Textzusammenhang klären.
- **Wortzusammensetzungen** musst du zerlegen und nach dem Grundwort suchen, z. B.: *der Kranarm = der Kran + der Arm.*
- Falls du immer noch Zweifel hast, schlage in einem **Lexikon oder Wörterbuch** nach.

a Schlüssele die Bedeutung des Wortes „Satellitenstädte" (Z. 16) auf. Ergänze.

	Bedeutung
Satellit	Himmelskörper oder Flugkörper, der
	Der Mond ist ein Satellit der
Stadt	größere, geschlossene
Satellitenstadt	Eine Satellitenstadt ist eine

b Kläre die Bedeutung dir unbekannter Wörter und schwer verständlicher Stellen im Text auf S. 18 bis 19.
Schreibe sie mit Erläuterung in dein Heft.

Tipp Es ist nicht immer notwendig, wirklich jedes Wort zu kennen. Prüfe, ob du den Satz auch ohne das Wort verstehst.

4 4. Schritt (zweites sorgfältiges Lesen)

Lies den Text ein zweites Mal gründlich und bearbeite ihn.

a Im ersten Textabschnitt (Z. 1–18) sind die ersten Schlüsselwörter hervorgehoben. Markiere in diesem Abschnitt weitere Schlüsselwörter, die die wichtigsten Informationen enthalten.

b Markiere die Schlüsselwörter im gesamten Text.

Tipp Schlüsselwörter
Schlüsselwörter enthalten die wichtigsten Informationen eines Textabschnitts.
Wenn du **W-Fragen an den Text** stellst, kannst du sie mit den Schlüsselwörtern beantworten, z. B.: *Wer? Was? Wo? Wann? Wie?*
Wenn du später nur die markierten Wörter überfliegst, weiß du sofort wieder, wovon der Text handelt.

5

Der Text „Neue Sportart Parkour – ein akrobatischer Hindernislauf" (S. 18–19) ist bereits in Sinnabschnitte unterteilt. Wähle von den unten stehenden Beispielen für jeden Sinnabschnitt die passende Zwischenüberschrift aus und schreibe diese in die Leerzeile im Text.
Achtung: Zwei Zwischenüberschriften passen nicht.

Präzise Landung auf der Linie

Ein Ausflug in die Vorstädte

Ein spektakulärer Stunt

Schule für Traceure

Skater auf Spanplatten

Bühnenreife Könner

Neue Trendsportart

Methode Informationen übersichtlich festhalten

Die Informationen eines Sachtextes kannst du z. B. als Mindmap oder in einer Stichwortliste erfassen. In einer **Stichwortliste** hältst du die Informationen des Textes **mit eigenen Worten** und in der **Reihenfolge** fest, in der sie im Text vorkommen.
Tipp: Die Schlüsselwörter, die du im Text markiert hast, helfen dir, die Informationen zusammenzufassen.

6 Fülle die folgende Inhaltsübersicht aus: Notiere für jeden Sinnabschnitt die Zwischenüberschrift (→ Aufgabe 5) und gib die Informationen stichwortartig wieder.

Sinnabschnitt 1: ____________________

____

Sinnabschnitt 2: ____________________

____

Sinnabschnitt 3: ____________________

____

Sinnabschnitt 4: ____________________

Sinnabschnitt 5: ____________________

____

Methode Einen Sachtext mit eigenen Worten zusammenfassen

Fasse den Inhalt des Sachtextes knapp und sachlich zusammen, sodass andere, die den Text nicht gelesen haben, über das Wesentliche informiert werden.

- Nenne in der **Einleitung** Titel, Namen der Verfasserin / des Verfassers und Thema des Textes.
- Fasse im **Hauptteil** die wichtigsten Textinformationen knapp, sachlich und in eigenen Worten zusammen. Verwende als Zeitform das **Präsens** (bei Vorzeitigkeit das Perfekt).

7 **5. Schritt (Informationen mit eigenen Worten zusammenfassen)**

a Ergänze den Einleitungssatz und schreibe ihn vollständig in dein Heft.

In dem Text „ ? “ informiert ? über ? .

b Vervollständige die Zusammenfassung des ersten Sinnabschnitts. Das angebotene Wortmaterial hilft dir. Schreibe in dein Heft.

akrobatische Weise · einem Bond-Film · Hindernisse · Sébastien Foucan · ~~eine neue Sportart~~

Parkour ist *eine neue Sportart*. Sie wurde in Frankreich unter anderem von ? entwickelt, der auch in einer Actionszene in ? aufgetreten ist. Die Sportlerinnen und Sportler nehmen den kürzesten geraden Weg durch eine Stadt und überwinden ? auf ? .

c Fasse auch die Sinnabschnitte 2–5 im Heft zusammen. Deine Vorarbeit in Aufgabe 6 hilft dir dabei. Orientiere dich an Aufgabe 7 b.

Grafiken und Diagramme auswerten

Methode Grafiken entschlüsseln

Eine Grafik kann anschaulich **Zahlen** (z. B. Größenverhältnisse), **Konstruktionen und Funktionen** (z. B. Bauwerke) oder **Orts- bzw. Lageangaben** (z. B. Landkarten) darstellen.
Beim Entschlüsseln einer Grafik kannst du so vorgehen:

1 Stelle fest, worum es in der Grafik geht.
2 Untersuche, was die Grafik darstellt, z. B. einen Vorgang oder räumliche Zusammenhänge.
3 Prüfe, ob die Grafik Farben, Beschriftungen oder Symbole enthält, die erklärt werden.
4 Schreibe auf, worüber die Grafik informiert.

Grafik 1

Parkourtechniken

Bezeichnung		**Ablauf**
französisch	**deutsch**	
Franchissement	Durchbruch	durch Lücken schwingen (z. B. Fenster, Stangen)
Passe muraille	Mauersprung	Mauern anspringen und sich aus hängender Position hocharbeiten
Tic Tac	Tic Tac	sich mit Beinen von Objekten (z. B. Wänden) abstoßen
Saut de chat	Katzen-sprung	Hocksprung über Objekte, Beine zwischen Armen hindurchführen

Tabelle

1 a Ordne die Parkourtechniken in der Tabelle den Nummern in der Grafik 1 oben zu. Wähle die deutschen oder die französischen Begriffe.

1 ______________________ 2 ______________________

3 ______________________ 4 ______________________

b Beschreibe in einem vollständigen Satz, worüber die Grafik und die Tabelle informieren.

____

2 a Sieh dir die Grafik 2 rechts genau an. Schreibe auf, was sie zeigt.

____

____

b Erkläre, was die beiden roten Linien jeweils bedeuten.

____

____

____

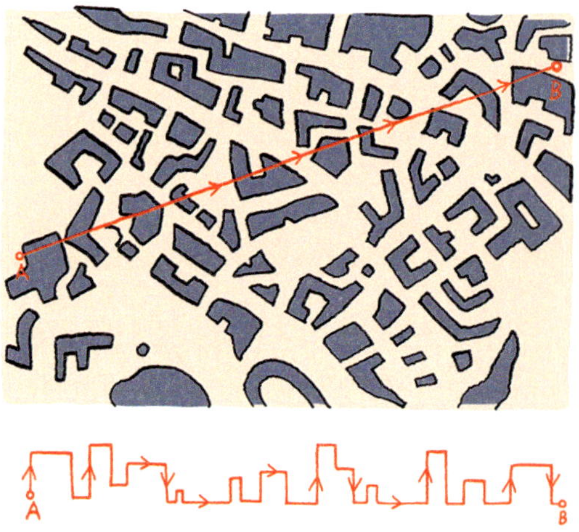

Grafik 2

Methode Diagramme verstehen und auswerten

Ein Diagramm ist eine **bildliche Darstellung von Daten und Informationen**. Die häufigsten Arten von Diagrammen sind: **Säulendiagramm**, **Balkendiagramm**, **Kurvendiagramm** und **Kreisdiagramm**.
Beim Entschlüsseln eines Diagramms kannst du so vorgehen:

1 Schau dir das Diagramm genau an. Lies die Überschrift und die übrigen Angaben und Erklärungen.
2 Stelle fest, worüber das Diagramm informiert. Welche Maßeinheiten werden verwendet, z. B.: Prozentzahlen (%), Maße (m, cm), Gewichte (kg) oder Jahreszahlen?
3 Vergleiche die Angaben miteinander (höchster und niedrigster Wert, gleiche Werte).
4 Fasse zusammen, was im Diagramm gezeigt wird: Was lässt sich ablesen?

3 a Das folgende Balkendiagramm zeigt das Ergebnis einer Umfrage. Schau es dir genau an.

Trendsport an der Schule
An einem Erfurter Gymnasium wurden alle Schülerinnen und Schüler der Mittelstufe befragt, welche Trendsport-AG mit professionellen Trainern an der Schule eingeführt werden soll.

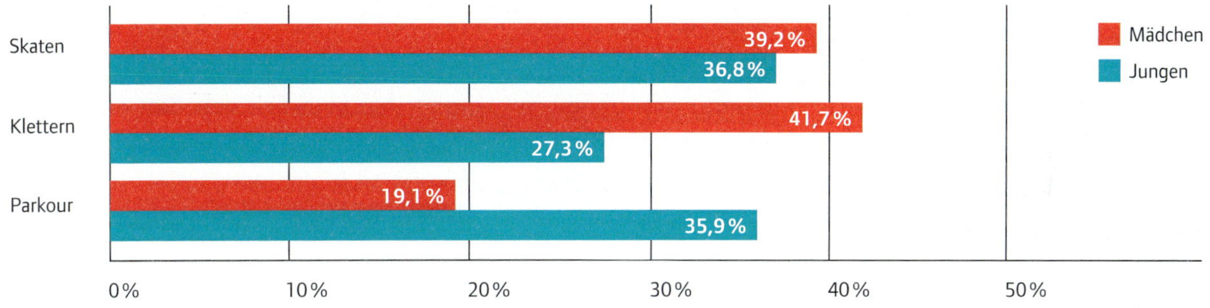

b Werte die Informationen des Diagramms aus und beantworte die folgenden Fragen stichwortartig.

A Bei wem ist Klettern am beliebtesten? ______
B Wo gibt es den größten Unterschied zwischen Jungen und Mädchen? ______

c Für welche Trendsport-AG wird sich die Schule wohl entscheiden? Begründe.

______

______

●●● 4 Die beiden Grafiken, die Tabelle und das Balkendiagramm ergänzen Informationen zum Sachtext „Neue Sportart Parkour – ein akrobatischer Hindernislauf“ (S. 18–19). Trage ein, welche Textstellen sie durch welche Informationen ergänzen.

Grafik 1 und die Tabelle ergänzen die Textstelle Z. ____ bis Z. ____ , weil ______

______

Grafik 2 ergänzt die Textstelle Z. ____ bis Z. ____ und Z. ____ bis Z. ____ , weil ______

______

Das Balkendiagramm ergänzt die Textstelle Z. ____ bis Z. ____ , weil ______

______

Eine Inhaltsangabe schreiben

Merkwissen Die Kalendergeschichte

Eine Kalendergeschichte ist eine **kurze Geschichte, die unterhalten und belehren soll** und **meist** mit einer **Pointe (überraschenden Wendung)** endet. Bis ins 19. Jahrhundert wurden solche Geschichten in Jahreskalendern abgedruckt. Der bekannteste Autor von Kalendergeschichten ist Johann Peter Hebel (1760–1826).

1 Lies die folgende Kalendergeschichte.

Johann Peter Hebel
Der Barbierjunge von Segringen (1809)

Man muss Gott nicht versuchen, aber auch die Menschen nicht. Denn im vorigen Spätjahr kam in dem Wirtshause zu Segringen ein Fremder von der Armee an, der einen starken Bart hatte und fast wunderlich aussah, also, dass ihm nicht recht zu trauen war. Der sagt zum Wirt, eh' er etwas zu essen und zu trinken fordert: „Habt Ihr keinen Barbier im Ort, der mich rasieren kann?"
Der Wirt sagt ja und holt den Barbier. Zu dem sagt der Fremde: „Ihr sollt mir den Bart abnehmen, aber ich habe eine kitzlige Haut. Wenn Ihr mich nicht ins Gesicht schneidet, so bezahl' ich Euch vier Kronentaler. Wenn Ihr mich aber schneidet, so stech' ich Euch tot. Ihr wäret nicht der Erste."
Wie der erschrockene Mann das hörte (denn der fremde Herr machte ein Gesicht, als wenn es nicht vexiert[1] wäre, und das spitzige, kalte Eisen lag auf dem Tisch), so springt er fort und schickt den Gesellen. Zu dem sagt der Herr das Nämliche. Wie der Gesell das Nämliche hört, springt er ebenfalls fort und schickt den Lehrjungen. Der Lehrjunge lässt sich blenden von dem Geld und denkt: ‚Ich wag's. Geratet es und ich schneide ihn nicht, so kann ich mir für vier Kronentaler einen neuen Rock für die Kirchweih kaufen und einen Schnepper[2]. Geratet's nicht, so weiß ich, was ich tue,' und rasiert den Herrn.
Der Herr hält ruhig still, weiß nicht, in welcher entsetzlichen Todesgefahr er ist, und der verwegene Lehrjunge spaziert ihm auch ganz kaltblütig mit dem Messer im Gesicht und um die Nase herum, als wenn's nur um einen Sechser[3] oder im Fall eines Schnittes um ein Stücklein Zunder oder Fließpapier darauf zu tun wäre und nicht um vier Kronentaler und um ein Leben, und bringt ihm glücklich den Bart aus dem Gesicht ohne Schnitt und ohne Blut und dachte doch, als er fertig war: ‚Gottlob!'
Als aber der Herr aufgestanden war und sich im Spiegel beschaut und abgetrocknet hatte und gibt dem Jungen die vier Kronentaler, sagt er zu ihm: „Aber junger Mensch, wer hat dir den Mut gegeben, mich zu rasieren, so doch dein Herr und der Gesell sind fortgesprungen? Denn wenn du mich geschnitten hättest, so hätt' ich dich erstochen."
Der Lehrjunge aber bedankte sich lächelnd für das schöne Stück Geld und sagte: „Gnädiger Herr, Ihr hättet mich nicht verstochen, sondern wenn Ihr gezuckt hättet und ich hätt' Euch ins Gesicht geschnitten, so wär' ich Euch zuvorgekommen, hätt' Euch augenblicklich die Gurgel abgehauen und wäre auf und davon gesprungen."
Als der fremde Herr das hörte und an die Gefahr dachte, in der er gesessen war, ward er erst blass vor Schrecken und Todesangst, schenkte dem Burschen noch einen Kronentaler extra und hat seitdem zu keinem Barbier mehr gesagt: „Ich steche dich tot, wenn du mich schneidest."

1 vexiert sein: hier: als ob er es ernst meinte
2 der Schnepper: Klapptaschenmesser
3 der Sechser: ehemalige Währung, Münze mit geringem Wert

2 Notiere deinen ersten Leseeindruck.

Merkwissen Schreibplan für eine Inhaltsangabe

In einer Inhaltsangabe fasst du einen Text mit eigenen Worten **knapp und sachlich** zusammen, sodass andere, die den Text nicht gelesen haben, über **das Wesentliche** informiert werden.

Aufbau:

- In der **Einleitung** nennst du die Art des Textes (z. B. Kalendergeschichte), den Titel, den Namen der Autorin / des Autors und das Thema des Textes.
- Im **Hauptteil** fasst du die wichtigsten Ereignisse der Handlung (Handlungsschritte) in der zeitlich richtigen Reihenfolge zusammen. Beschränke dich auf das Wesentliche und verzichte auf Einzelheiten. Die Antworten auf die **W-Fragen** helfen dir dabei: **Wo** und **wann** spielt die Geschichte? **Wer** ist am Geschehen beteiligt? **Was** geschieht? **Warum** geschieht es?
- Gib am Schluss bei Kalendergeschichten die Lehre des Textes mit eigenen Worten wieder.

3 a Unterstreiche im Text auf S. 24 Stellen, die die folgenden W-Fragen beantworten.
b Beantworte diese W-Fragen in vollständigen Sätzen.

Wo spielt die Geschichte? ______________________________

____

Wann spielt die Geschichte? ______________________________

Wer ist am Geschehen beteiligt? ______________________________

____

> Tipp **Wann?** Kalendergeschichten geben selten genaue Zeitangaben. Ein Hinweis kann jedoch das Erscheinungsdatum sein.

4 Gehe schrittweise vor, um die Frage „Was geschieht?" zu beantworten.
a Gliedere den Text in Handlungsschritte, indem du das Absatzzeichen ⌡ einträgst.
b Fasse für jeden Handlungsschritt die wesentlichen Ereignisse zusammen und gib die Zeilen an. Schreibe in dein Heft.

Handlungsschritt 1 (Z. 1–8) Ein Fremder kommt ins Wirtshaus

Handlungsschritt 2 (Z. –)

5 Die Kalendergeschichte beginnt mit der Lehre „Man muss Gott nicht versuchen, aber auch die Menschen nicht." Kreuze den Satz an, der die Bedeutung dieser Aussage richtig wiedergibt.

- ☐ **A** Der Mensch soll Gott nicht auf die Probe stellen.
- ☐ **B** Man soll das Schicksal nicht herausfordern.
- ☐ **C** Gott bestraft den Menschen, der in Versuchung geraten ist.

Merkwissen Eine Inhaltsangabe sprachlich gestalten

- Schreibe **sachlich und nüchtern**, vermeide ausschmückende Formulierungen.
- Formuliere **in eigenen Worten** und übernimm keine Passagen aus dem Originaltext.
- Mache die Zusammenhänge der Handlung (z. B. zeitliche Zusammenhänge) durch passende **Satzverknüpfungen** und **Satzanfänge** deutlich, z. B.: *als, dann, weil, nachdem, zuerst …*
- Schreibe im **Präsens**, bei Vorzeitigkeit im Perfekt.
- Verwende **keine wörtliche Rede**. Besonders wichtige Äußerungen von Figuren werden in der indirekten Rede (→ S. 39) wiedergegeben oder umschrieben.

6 Lies die beiden folgenden Einleitungssätze und kreuze an, welcher davon gelungen ist.

☐ **A** In der Erzählung von Hebel geht es um einen Barbierjungen und einen bärtigen Mann, der sich rasieren lassen will und dabei Morddrohungen ausstößt.

☐ **B** In der Kalendergeschichte „Der Barbierjunge von Segringen" von Johann Peter Hebel aus dem Jahr 1809 geht es um einen Barbierjungen, der durch sein furchtloses Verhalten einem gewaltbereiten Mann eine Lehre erteilt.

7 Der folgende Textauszug leitet den Hauptteil einer Inhaltsangabe ein.
Streiche alle Formulierungen durch, die zu ausführlich und nicht sachlich sind.

Die Geschichte spielt Anfang des 19. Jahrhunderts in dem kleinen Ort Segringen. Ein Mann, der sich ewig nicht rasiert hat, kommt ins Wirtshaus. Durch seinen starken Bart sieht er nicht gerade vertrauenerweckend aus. Großen Hunger scheint er nicht zu haben, denn er bestellt nur einen Barbier, der ihn rasieren soll. Der kommt auch sofort und kriegt dann einen riesigen Schreck. Der furchterregende Mann droht nämlich, er würde den Barbier auf der Stelle totstechen, wenn er geschnitten wird. Und das nur, weil er total kitzlig ist.

8 Gib die folgenden Textpassagen knapp und treffend in der indirekten Rede wieder (→ S. 38 f.).

A Z. 5–8: Der (Fremde) sagt zum Wirt, eh' er etwas zu essen oder zu trinken fordert: „Habt Ihr keinen Barbier im Ort, der mich rasieren kann?"

Der Fremde fragt, ob ______________________________

____

B Z. 9–11: Zu dem (Barbier) sagt der Fremde: „Ihr sollt mir den Bart abnehmen, aber ich habe eine kitzlige Haut."

____

____

C Z. 21–25: Der Lehrjunge … denkt: ‚Ich wag's. Geratet es und ich schneide ihn nicht, so kann ich mir für vier Kronentaler einen neuen Rock für die Kirchweih kaufen und einen Schnepper.'

____

____

9 Schreibe eine vollständige Inhaltsangabe in dein Heft. Nutze dazu deine Vorarbeiten (S. 24–26).

Was kannst du schon?
Grammatik

1 Bestimme die Wortarten in den folgenden Sätzen.
Trage über jedem Wort die richtige Ziffer ein. (je Satz 1 Punkt = 2 Punkte insgesamt)

Nomen/Substantiv: 1 Artikel: 2 Adjektiv: 3 Verb: 4 Präposition: 5 Personalpronomen: 6
Possessivpronomen: 7 Demonstrativpronomen: 8 Adverb: 9

A Unser Klassenausflug in den Freizeitpark hat großen Spaß gemacht.

B Dieses Erlebnis werde ich immer in Erinnerung behalten.

2 Bilde mit Suffixen (Nachsilben) aus den beiden Adjektiven je ein Nomen/Substantiv und aus den beiden Nomen/Substantiven je ein Adjektiv. Schreibe die Wörter auf. (4 Punkte)

dunkel: ______ spannend: ______

Wunder: ______ Angst: ______

3 Bilde die Tempusformen der beiden Verben in der 3. Person Singular. (8 Punkte)

	Plusquamperfekt	Präteritum	Perfekt	Futur
A spielen:	er ______	______	______	______
B fahren:	er ______	______	______	______

4 Leite vom Verb *fallen* mithilfe von Präfixen (Vorsilben) vier neue Verben ab. (4 Punkte)

______
______
______
______

5 Kreuze bei jedem der folgenden Sätze an, ob er im Aktiv oder im Passiv steht. (4 Punkte)

	Aktiv	Passiv
A Die Fahrt mit der unterirdischen Geisterbahn ist besonders spannend und gruselig.	☐	☐
B Die Fahrgäste werden in Gondeln durch die Welt der chinesischen Sagenwelt gefahren.	☐	☐
C Dabei werden sie von verschiedenen chinesischen Geistergestalten erschreckt.	☐	☐
D Außerdem können sie den Kampf eines Kriegers mit einem chinesischen Drachen beobachten.	☐	☐

6 a Trenne in den folgenden Sätzen die Satzglieder durch einen senkrechten Strich | ab.
b Schreibe jeweils die Bezeichnung für jedes Satzglied unter den Satz. (je Satz 1 Punkt = 3 Punkte)

A Achterbahnen gehören in Freizeitparks zu den beliebtesten Attraktionen.

B Sehr schnelle Bahnen bereiten den Fahrgästen meistens besonders großen Spaß.

C Wegen der Loopings leiden manche Fahrgäste danach unter Übelkeit.

7 a Unterstreiche in den Sätzen die Attribute und zeichne für jedes Attribut einen Pfeil zum Bezugswort.
b Notiere neben jedem Satz, welche Arten von Attributen er enthält. (3 Punkte)

A Eine besondere Achterbahn, die Kingda Ka, wurde 2005 gebaut.

B Es handelt sich um die schnellste Achterbahn der Welt.

C Sie steht im neuesten Freizeitpark von New Jersey.

8 Verbinde die folgenden Sätze links mit dem dazu passenden Satzbauplan rechts.
Markiere die Satzgefüge grün und die Satzreihen blau. (4 Punkte)

A Wenn man sich von den vielen Fahrten mit Geister- und Achterbahnen erholen möchte, besucht man am besten eine Artistik-Show.

B Die Artisten führen spektakuläre Kunststücke vor, sie beeindrucken die Zuschauer mit sensationellen Tricks.

C Bei den gefährlichen Trapeznummern bleibt den Zuschauern, obwohl die Künstler mit Seilen gesichert sind, der Atem weg.

D Besonders aufregend ist der Feuertanz, weil die brennenden Fackeln die Körper der Artisten hautnah umkreisen.

a HS , NS .

b NS , HS .

c HS , NS , HS .

d HS , HS .

9 Formuliere den folgenden Satz in ein Satzgefüge mit einem Adverbialsatz um. (1 Punkt)

Wegen des beeindruckenden Feuertanzes hat mir die Show großen Spaß gemacht.

10 a Überprüfe deine Lösungen mithilfe des Lösungsheftes. Für jede richtige Antwort bekommst du einen Punkt.
b Trage ein, wie du die Aufgaben bewältigt hast: ✓ = das meiste richtig ? = noch etwas unsicher

Aufgabe	1	2	3	4	5	6	7	8	9
Weitere Übungen	S. 29–31	S. 29–31	S. 32–34	S. 32–34	S. 35–37	S. 45–48	S. 49	S. 52–53	S. 55–58

Wortarten

Wortarten sicher unterscheiden

Merkwissen Wortarten

Wichtig zur Unterscheidung von Wortarten ist die **Beugung** (Deklination oder Konjugation):
- **Deklinieren** kannst du Nomen/Substantive, Artikel, fast alle Pronomen und Adjektive (Genus, Numerus, Kasus).
- **Konjugieren** kannst du nur Verben (Person, Numerus, Tempus, Aktiv – Passiv, Indikativ – Konjunktiv).
- **Nicht beugen** lassen sich Adverbien, Präpositionen und Konjunktionen.

1 Trage die Fachbegriffe für die Wortarten an der richtigen Stelle ein.
Tipp: Prüfe für die Zuordnung, ob und auf welche Weise du die Wortart beugen kannst.

Verb | Artikel | Pronomen | Konjunktion | Adjektiv | Nomen/Substantiv | Adverb | Präposition

Personalpronomen *ich, du, er/sie/es, wir, ihr, sie*

Possessivpronomen *mein, dein, unser, euer …*

Demonstrativpronomen *dieser, jener, der, das …*

Indefinitpronomen *kein, jemand, etwas, alle …*

bestimmt *der, die, das*

unbestimmt *ein, eine, eines*

Steigerung
Positiv (Grundform): *hoch*
Komparativ (1. Steigerungsstufe): *höher*
Superlativ (2. Steigerungsstufe): *am höchsten*

A ____________
(Hauptwort)
Jongleur, Bühne, Clown

B ____________
(Stellvertreter/Fürwort)

C ____________
(Begleiter)

D ____________
(Eigenschaftswort)
bunt, gelenkig, freundlich, musikalisch

„deklinieren“ (beugen)

„konjugieren“ (beugen) | nicht beugen

E ____________
(Tätigkeitswort)
werfen, schwingen, staunen
- Imperativ
- Personalendung (Person, Numerus)
- Zeitform (Tempus)
  - Futur
  - Präsens
  - Perfekt
  - Präteritum
  - Plusquamperfekt
- Aktiv – Passiv
- Indikativ – Konjunktiv

F ____________
(Bindewort)
und, denn, weil, als, dass …

G ____________
(Umstandswort)
abends, dort, bald, paarweise …

H ____________
(Verhältniswort)
auf, an, mit, in, unter …

Wiederholung: Die Pronomen

Merkwissen Pronomen

- **Personalpronomen** *(ich, du, er/sie/es, wir, ihr, sie)* können im Satz **Nomen/Substantive ersetzen**, z. B.:
  Obelix liebt den Zaubertrank, obwohl er ihn nicht benötigt.
  Personalpronomen werden wie Nomen/Substantive dekliniert (gebeugt).
- **Possessivpronomen** *(mein/meine, dein/deine, sein/seine, ihr/ihre, unser/unsere, euer/eure, ihr/ihre)* geben an, **zu wem etwas gehört**. Sie stehen im gleichen Kasus wie ihr Bezugswort, z. B.:
  Miraculix gibt Obelix seinen Zaubertrank nicht.
  Wen? Was?
- **Demonstrativpronomen** *(der/die/das, dieser/diese/dieses, jener/jene/jenes, solcher/solche/solches, derselbe/dieselbe/dasselbe)* **weisen besonders deutlich auf eine Person oder Sache hin**, z. B.:
  Dieser Zaubertrank ist etwas Besonderes!
  Sie können als Begleiter oder als Stellvertreter des Nomens/Substantivs verwendet werden.

1 a Unterstreiche im Text alle sechs Personalpronomen blau und alle sieben Possessivpronomen grün.
b Umkreise im ersten Absatz das Nomen, das danach durch die Personalpronomen vertreten wird.

Miraculix – Der berühmte Druide aus Gallien

Miraculix ist der Druide des Dorfes, in dem Asterix und Obelix leben. Als Ausdruck seiner Weisheit trägt er einen langen weißen Bart, den er im Laufe der Zeit immer länger wachsen lässt. Seine Kleidung besteht aus einem weißen Gewand und einem roten Umhang, an seinen Füßen trägt er blaue Schuhe.

Seinem Häuptling Majestix gegenüber ist Miraculix sehr loyal, obwohl er klüger ist als Majestix. Bei den Dorfbewohnern genießt Miraculix ein höheres Ansehen als sein Häuptling. Sie bewundern ihn wegen seiner Klugheit und seines Wissens.

2 a Markiere die Wortgruppen, auf die sich die drei fett gedruckten Demonstrativpronomen beziehen.
b Unterstreiche im Text die fünf weiteren Demonstrativpronomen.

Miraculix schneidet mit seiner goldenen Sichel Misteln. Aus diesen Pflanzen und aus anderen geheimen Zutaten braut er einen Zaubertrank. **Der** verleiht den Dorfbewohnern übermenschliche Kräfte. Mit denen können diese sich gegen ihre gefährlichsten Gegner, die Römer, behaupten und jene vernichtend schlagen.
Der Druide besitzt aber noch weitere Zaubermittel. Zu **diesen** gehört z. B. ein stark wirkendes Haarwuchsmittel oder eine Flüssigkeit, die aus Eicheln sekundenschnell Bäume wachsen lässt. Mit solchen Gebräuen macht er den Römern das Leben schwer. Bei den Jahrestreffen der Druiden, wo **derjenige** einen Preis bekommt, der am besten zaubern kann, geht Miraculix regelmäßig als Sieger heim.

●●●3 Schreibe den folgenden Text ab und ersetze jedes Fragezeichen durch ein Demonstrativpronomen.
Tipp: Verwende mindestens zwei verschiedene Pronomen und achte auf den richtigen Kasus.

Miraculix erklärt: „Wenn ich ? Mistelzweig mit ? geheimen Kraut, ? speziellen Pflanzen und ? seltenen Wurzeln mische, erhalte ich meinen Zaubertrank. ? darf aber nicht Obelix in die Hände geraten, weil ? als kleines Kind in den Zaubertrank gefallen ist.“

Wiederholung: Das Adverb

Merkwissen Das Adverb (Umstandswort; Plural: die Adverbien)

Adverbien machen **nähere Angaben zu einem Geschehen**. Sie erklären genau,
- **wo** etwas passiert (Ort – lokal), z. B.: *dort, rechts, bergab, oben, unten,*
- **wann** etwas geschieht (Zeit – temporal), z. B.: *gestern, heute, morgen, danach, stets,*
- **wie** etwas stattfindet (Art und Weise – modal), z. B.: *gern, sehr, irgendwie, einigermaßen, glücklicherweise,*
- **warum** etwas eintritt (Grund – kausal), z. B.: *deshalb, daher, darum.*

Adverbien werden **kleingeschrieben** und sind im Gegensatz zum Adjektiv **nicht veränderbar** (nicht flektierbar).

1 Markiere im folgenden Text Adverbien des Ortes orange, der Zeit grün, der Art und Weise gelb und des Grundes blau.

Der Zauberer Gandalf

Der Zauberer Gandalf ist eine wichtige Figur in den Romanen „Der kleine Hobbit" und „Der Herr der Ringe" von J. R. R. Tolkien. Anfangs trägt er einen langen Bart und graue Haare, die später weiß sind. Er führt stets einen Zauberstab bei sich, der, flüchtig betrachtet, wie ein ganz normaler Wanderstab wirkt. Zusätzlich besitzt er das berühmte Schwert Glamdring. Sein Pferd Schattenfell trägt den Zauberer ohne Zaumzeug und Sattel jederzeit überallhin. Darum ist Schattenfell sein wichtigster Begleiter. Gandalf nimmt manchmal im Auenland an den Festen der Hobbits teil. Dort inszeniert er spektakuläre Feuerwerke. Deswegen laden die Hobbits ihn immer gern ein.

●●●2 Fülle mithilfe der Adverbien aus dem Wortspeicher die Lücken im folgenden Text.

irgendwann sehr allerdings darum dort dabei später

unversehens keinesfalls glücklicherweise

Gandalf und der Hobbit Bilbo Beutlin begeben sich mit 13 Zwergen auf eine abenteuerliche Reise. ____________ wollen sie gestohlenes Zwergengold finden. ____________ trifft Bilbo auf den finsteren Gollum, den er ____________ bei einem Rätselspiel besiegt. ____________ fällt ihm Gollums Schatz, der Ring der Macht, in die Hände. Dieser Ring macht unsichtbar und hilft ihm ____________ beim Kampf gegen den bösen Drachen, der das Zwergengold bewacht.

____________ gibt Bilbo den Ring an Frodo weiter. ____________ erkennt Gandalf, dass es sich bei dem Ring um den Ring Saurons handelt, den sie ____________ behalten sollten. ____________ macht er sich gemeinsam mit Frodo und seinen Gefährten auf den Weg, um den Ring nach Mordor zu tragen und ihn ____________ zu zerstören, bevor er Unheil anrichtet.

Das Verb
Die Tempora (Zeitformen)

Das Präsens und das Futur I

Merkwissen Die Zeitform Präsens

Das **Präsens** wird verwendet, …
1 wenn etwas **in der Gegenwart** geschieht, z. B.: *Shaolin-Mönch Guanjun Zhang macht Qigong-Übungen.*
2 wenn **eine Aussage immer gilt**, z. B.: *Qigong erfordert vollkommene Körperbeherrschung.*
3 um **Zukünftiges** auszudrücken. Meist verwendet man dann eine Zeitangabe, die auf die Zukunft verweist (z. B.: *morgen, nächste Woche*), z. B.: *In den nächsten Tagen interviewe ich Guanjun Zhang.*

1 a Unterstreiche im folgenden Text die Verben, die im Präsens stehen.
b Notiere in deinem Heft für jeden Satz: 1 = Gegenwart, 2 = allgemeingültige Aussage, 3 = Zukünftiges.

Ein Wunder an Körperbeherrschung
von Sebastian Flick

Bonn **A** Hoch konzentriert steht Guanjun Zhang mit einer gewöhnlichen Nadel in der Hand am Bühnenrand. **B** Nach einigen Meditationsübungen ist der Shaolin-Mönch soweit. **C** Er wirft die Nadel mit einer derartigen Wucht, dass diese eine Glasscheibe durchschlägt und einen Luftballon, der sich hinter der Scheibe befindet, zum Platzen bringt. **D** Das Publikum jubelt. **E** In der Kung Fu Show „Die Rückkehr der Shaolin-Mönche" zeigen 18 Spitzensportler auf der Bühne Außergewöhnliches.

F Shaolin ist der Name eines buddhistischen Mönchsordens in China. **G** Die Mönche betreiben einen kunstvollen Kampfsport zur Selbstverteidigung, bei dem sie Stöcke, Speere, Schwerter und Säbel einsetzen. **H** „Man konzentriert die Kraft auf einen Punkt im Körper", **I** erklärt Zhang mir im Interview. **J** Morgen tritt er wieder in einer der 75 Shows auf, die die Shaolin-Mönche in diesem Jahr noch in Deutschland zeigen.

Bonner General Anzeiger, 27. 02. 2012

Merkwissen Die Zeitform Futur I

Die Zeitform **Futur I** (finite Form von *werden* und der Infinitiv des Verbs) wird verwendet, um ein **zukünftiges Geschehen** auszudrücken, z. B.: *Es wird weiterhin tolle Aufführungen der Shaolin-Mönche geben.*

2 Vervollständige die Fragen für das Interview mit Guanjun Zhang.
Setze die Verben *zurückkehren*, *geben*, *mitnehmen* und *auftreten* in der Zeitform Futur ein.

A In welchen Ländern ____________ Sie noch ____________?

B Wann ____________ Sie wieder in Ihr Shaolin-Kloster ____________?

C Welche Eindrücke ____________ Sie von Deutschland ____________?

D ____________ es neue Projekte ____________?

Das Perfekt

Merkwissen Die Zeitform Perfekt

Wenn man **mündlich von etwas Vergangenem** berichtet, verwendet man häufig das **Perfekt**, z. B.:
Ich habe Bauklötze gestaunt. Ich bin neugierig gewesen.
Das Perfekt ist eine **zusammengesetzte Zeitform**, die mit einer finiten Verbform von *haben* oder *sein* im Präsens (z. B.: *habe, bin*) und dem Partizip II des Verbs (z. B.: *suchen* ⟶ *gesucht, denken* ⟶ *gedacht*) gebildet wird.

1 Max lebt mit seinen Eltern in Shanghai. Seine Großmutter fragt häufig nach Neuigkeiten. Lies ihre Fragen und unterstreiche darin die Perfektformen. Beachte: Sie sind immer zweiteilig.

A Hallo, Max! Wie ist es dir in der letzten Woche ergangen?

B Du wirkst mager. Bist du nicht immer satt geworden?

C Erzähle, hast du etwas Spannendes erlebt?

D Hast du dich bei deinem Ausflug gestern nicht verlaufen?

E Sind die Lehrer diesmal netter zu dir gewesen?

2 Max antwortet. Setze die grau markierten Infinitive im Perfekt ein.

Großmutter, alles bestens! Stell dir vor, ich ________ gestern das chinesische Neujahrsfest ________ besuchen . Wir ________ alle bei den Xuns ________ sein . Die ________ vorher das Haus gründlich ________ putzen , damit an den Festtagen alles sauber ist. Vater Xun ________ ein Bild des Küchengotts ________ verbrennen . Der soll nun zum Himmel aufsteigen, um dort über die Familie zu berichten. Damit er nicht zu viel Schlechtes erzählt, ________ Mutter Xun süßen Kuchen ________ backen und ihm damit sozusagen den Mund ________ verschließen .
Wir ________ zusammen ein leckeres Fischgericht ________ essen . Fisch steht für Reichtum im neuen Jahr. Nach dem Essen ________ wir alle rote Kuverts mit etwas Geld ________ bekommen . Anschließend ________ wir mit Xuns nach draußen ________ gehen , um Böller und Knallkörper zu zünden. Mit dem Lärm ________ wir den bösen Geistern Angst ________ machen und sie ________ vertreiben . Das war echt cool! Tschüss, Großmutter!

●●●3 Markiere nur die Sätze bzw. die Teilsätze, die im Perfekt stehen.

Max hört seine Mutter rufen: „Max, du hast doch gestern gesagt, dass du die Glasnudeln besorgst. Hast du jetzt Zeit? Er antwortet: „Ich habe das Gespräch mit Großmutter schon beendet, ich schaue noch schnell Fotos am PC vom Neujahrsfest an. Wenn ich die zehn lustigsten Fotos ausgewählt habe, maile ich sie noch an meine deutschen Freunde. Tim hat mir letztens Fotos von seinem Geburtstag geschickt. Ich habe mich noch gar nicht dafür bedankt, das will ich auch noch machen. Und dann gehe ich einkaufen."

Das Präteritum und das Plusquamperfekt

Merkwissen Die Zeitform Präteritum

Das **Präteritum** ist eine einfache **Zeitform der Vergangenheit**, z. B.:
Der Magier Rouven zeigte gestern seine Show.
- Bei den **regelmäßigen** (schwachen) Verben ändert sich im Präteritum der Vokal im Verbstamm nicht, z. B.: *Das Publikum staunt.* (Präsens) ⟶ *Das Publikum staunte.* (Präteritum)
- Bei den **unregelmäßigen** (starken) Verben ändert sich im Präteritum der Vokal im Verbstamm, z. B.: *Rouvens Tricks bringen ihm Ruhm ein.* (Präsens) ⟶ *Rouvens Tricks brachten ihm Ruhm ein.* (Präteritum)

1 Markiere im folgenden Textauszug die Verbformen, die im Präteritum stehen.

Kerpener verzauberte Las Vegas
von Barbara Munker

Las Vegas Plötzlich schien die Reise nach Las Vegas beendet. Die Sicherheitsbeamten am Flughafen von Los Angeles stürzten sich förmlich auf den Container von Jan Rouven. „Die dachten, weil da viele Schwerter drin sind, ist das ein Waffentransport", erzählt der Magier. Aber als sie hörten, dass er nach Las Vegas wollte, ließen sie ihn einreisen. Die Laufbahn des 31-jährigen gebürtigen Kerpeners grenzt fast an Magie. Das erste Mal kam er mit 18 Jahren nach Las Vegas, sah die Show von Siegfried und Roy und war sofort total begeistert, erinnert sich Rouven.

Bonner General Anzeiger, 20.07.2012

2 Übertrage die nachfolgende Tabelle in dein Heft. Trage dort die Verbformen im Präteritum ein, die du im Text von Aufgabe 1 unterstrichen hast. Bilde zu jedem Verb den dazugehörigen Infinitiv.

regelmäßige (schwache) Verben	unregelmäßige (starke) Verben
verzauberte – verzaubert	

●●● 3 Setze den folgenden Textauszug ins Präteritum und schreibe ihn in dein Heft.
Achtung: Schreibe in der Ich-Form und achte auf passende Pronomen.

Im März 2012 bekommt Rouven tatsächlich eine feste Show auf dem berühmten Strip der Spieler-Metropole. Sechs Abende pro Woche ist „Illusions" im Riviera-Casino zu sehen. In der Branche hat Rouven den Namen „Der Mann mit den sieben Leben". Kein Wunder, denn mal spießt ihn ein riesiger Bohrer auf, mal sausen brennende Kreissägen auf ihn zu. Seine Lieblingsnummer ist ein spektakulärer Stunt in einem Wassertank. Wenn er dann plötzlich klitschnass auf der Bühne steht, dann schaut er in den ersten Reihen in offene Münder.

Merkwissen Die Zeitform Plusquamperfekt

Wenn etwas **vor** dem passiert, wovon im Präteritum oder Perfekt erzählt oder berichtet wird, verwendet man das **Plusquamperfekt**, z. B.: *Nachdem er in Deutschland aufgetreten war, reiste er nach Amerika.*
Das Plusquamperfekt ist eine **zusammengesetzte Zeitform**. Es wird mit einer finiten Form von *haben* oder *sein* im Präteritum (z. B.: *hatte, war*) und dem Partizip II des Verbs (z. B.: *bezahlt, geflogen*) gebildet.

4 Bilde drei Satzgefüge (Nebensatz = Plusquamperfekt, Hauptsatz = Präteritum) und schreibe sie in dein Heft.

A Sicherheitsbehörden entdecken in Containern Schwerter, wollen mich nicht weiterreisen lassen *nachdem*
B hören, dass ich in Las Vegas auftreten will, lassen mich passieren *erst als*
C ankommen in Las Vegas, Eltern in Kerpen anrufen *nachdem*

Das Verb
Aktiv und Passiv

Merkwissen Aktiv und Passiv der Verben

Das **Aktiv** und das **Passiv** sind zwei Verbformen, mit deren Hilfe man Handlungen und Vorgänge unterschiedlich darstellen kann. Man kann aus **zwei Perspektiven** darauf schauen:

1 Im **Aktiv** wird der Handlungsträger (Handelnde) betont. Es ist wichtig, **wer** handelt/etwas tut, z. B.: *Der Magier übt einen neuen Zaubertrick ein.*

2 Im **Passiv** steht die Handlung/der Vorgang im Mittelpunkt. Betont wird, **was** geschieht, z. B.: *Der neue Zaubertrick wird eingeübt.*

Das Passiv wird mit einer finiten Form von *werden* und dem Partizip II des Verbs gebildet, z. B.: *murmeln ⟶ wird gemurmelt, versuchen ⟶ wird versucht, beachten ⟶ werden beachtet.*

1 a Kreuze die Sätze an, in denen ein Handlungsträger genannt ist.
b Unterstreiche in den angekreuzten Sätzen den Handlungsträger.
c Kreuze an, ob die angekreuzten Sätze im Aktiv oder im Passiv stehen.

☐ **A** Magier machen das scheinbar Unmögliche möglich.
☐ **B** Manche große Attraktion wird nur selten gezeigt.
☐ **C** Profis verblüffen durch unglaubliche Entfesselungsnummern.
☐ **D** Anfänger müssen besonders ihre Geschicklichkeit trainieren.
☐ **E** Trickgeheimnisse werden in sogenannten Zauberklubs ausgetauscht.

Die angekreuzten Sätze stehen im ☐ Aktiv. ☐ Passiv.

2 Wandle die Erklärung zu dem Seiltrick in eine allgemeine Anleitung im Passiv um. Schreibe in dein Heft.
Tipp: Markiere vorher die Akkusativobjekte, denn sie werden nun zu Subjekten.
Schreibe so: *Die Seilenden werden in der rechten und linken Hand jeweils zwischen Daumen und Zeigefinger gehalten.*

Der unmögliche Knoten

1 Jan hält die Seilenden in der rechten und linken Hand jeweils zwischen Daumen und Zeigefinger.
2 Als Erstes führt er die rechte Hand nach links.
3 Er legt dann das Seil über seinen linken Unterarm.
4 Danach bewegt Jan die rechte Hand weiter hinter die linke Hand.
5 Anschließend führt Jan die rechte Hand nach unten an der zuvor gebildeten Schlinge vorbei.
6 Nun steckt Jan das Seilende der rechten Hand in die linke „Kammer“.
7 Das Seilende der rechten Hand führt Jan anschließend von hinten durch die rechte „Kammer“.
8 Jan bewegt die Hände auseinander.
9 Jan lässt die beiden Seilschlingen über die Handgelenke fallen.
10 Gleichzeitig wendet er die Hände heimlich um.
11 Dabei lässt Jan das rechte Seilende unbemerkt los und ergreift das Seil an einer vorher markierten Stelle.
12 Das verdeckte Umgreifen erzeugt einen Knoten im Seil.

Merkwissen Passiv aus Informationsmangel / als Informationsriegel

- In einem **Passivsatz** kann der **Handlungsträger ergänzt werden**, z. B.:
  Gestern wurde der berühmte Magier Bernini von einem Konkurrenten bestohlen.
- In einem **Passivsatz** kann der **Handlungsträger** aber auch völlig **weggelassen** werden, z. B. wenn er unbekannt oder unwichtig ist oder der Handelnde aus bestimmten Gründen nicht genannt werden soll, z. B. um eine betroffene Person zu schützen oder die verantwortlichen Personen oder Täter nicht preiszugeben.

Aktiv (Tatsache): *Tricky Torsten entwendete Berninis schwebende Jungfrau.*
Passiv (Zeitungsschlagzeile): *Berninis schwebende Jungfrau wurde entwendet.*
(⟶ Tricky Torsten soll nicht wissen, dass man ihn verdächtigt. Sonst entzieht er sich der Festnahme.)

3 a Lies die Aussagen in den folgenden Sprechblasen.
b Markiere die Handlungsträger (Wer oder was …?).

Zauberkiste des Magiers Bernini gestohlen!

Bernini:
So ein Ärger! Ich habe meinen größten Konkurrenten im Verdacht! Monsieur Miro neidet mir meinen Erfolg: Ganz bestimmt hat er den Diebstahl in Auftrag gegeben.

Flughafenchef Andy Fly:
Gestern habe ich die Polizei wegen eines ungewöhnlichen Diebstahls gerufen. Irgendein Verrückter hat die Zauberkiste des Magiers Bernini gestohlen.

Maria Fantastic:
Meine beste Freundin betet den Meister förmlich an! Darum habe ich ihn angesprochen und um ein Autogramm gebeten. Für einen kurzen Augenblick ließ Bernini deshalb seine Zauberkiste aus den Augen.

Polizist:
Wir suchen den Dieb. Darum bitten wir die Reisenden und die Mitarbeiter des Flughafens um sachdienliche Hinweise.

Rosa Reisewütig:
Ich habe zwei Männer in schwarzen Anzügen beobachtet. Sie trugen eine große Kiste, die wie ein Sarg aussah, aus dem Flugzeug und luden sie in einen weißen Transporter, auf dessen Seitentür auffällig in violetten Großbuchstaben „MM" stand.

4 Schreibe über den Diebstahl der Zauberkiste einen Zeitungsartikel im Passiv.
Formuliere dabei die wichtigsten Aussagen aus den Sprechblasen ohne die markierten Handlungsträger (Subjekte).
Du kannst so beginnen:

Berninis berühmte Zaubershow gefährdet – Polizei bittet um Hinweise
Gestern wurde die Polizei wegen eines ungewöhnlichen Diebstahls zum Flughafen gerufen.

●●●5 Verfasse einen kurzen Artikel über das Auftauchen der Zauberkiste am nächsten Tag.
War der Täter Monsieur Miro? Hinweise findest du im Bild oben.
Denke dir eine Geschichte aus. Verwende Passivformen und schreibe in dein Heft.

Merkwissen Zeitformen im Aktiv und Passiv

Jede Zeitform (Tempus) im Aktivsatz hat eine Entsprechung im Passivsatz.

	Aktivsatz	Passivsatz
Präsens	*Der Zirkus errichtet das Zelt.*	*Das Zelt wird (vom Zirkus) errichtet.*
Futur I	*Der Zirkus wird das Zelt errichten.*	*Das Zelt wird (vom Zirkus) errichtet werden.*
Präteritum	*Der Zirkus errichtete das Zelt.*	*Das Zelt wurde (vom Zirkus) errichtet.*
Perfekt	*Der Zirkus hat das Zelt errichtet.*	*Das Zelt ist (vom Zirkus) errichtet worden.*
Plusquamperfekt	*Der Zirkus hatte das Zelt errichtet.*	*Das Zelt war (vom Zirkus) errichtet worden.*

6
a Unterstreiche in den folgenden Sätzen die Verbformen.
b Bestimme für jeden Satz die Zeitform und trage sie ein.
c Setze die Sätze in derselben Zeitform ins Passiv.

A Der Clown hatte in der Stadt Flyer für die Vorstellung verteilt. Zeitform: ______

______

B Der Zauberer zeigte mehrere Tricks. Zeitform: ______

______

C Die Assistentin hat die Nummern angekündigt. Zeitform: ______

______

D Nächstes Jahr wird der Zirkus ein neues Programm anbieten. Zeitform: ______

______

Merkwissen Ersatzformen für das Passiv

Um Passivformen in Texten zu vermeiden, können Ersatzformen mit aktiven Verbformen verwendet werden, die den Handlungsträger nicht nennen. Die wichtigsten Ersatzformen für das Passiv sind:

- Man-Form: *Man durchschaut den Trick nicht.*
- Imperativ-Form: *Nehmen Sie / Nimm Platz!*
- *sein* + Infinitiv mit *zu*: *Es ist zu verstehen.*
- Sie-Form/Du-Form: *Sie brauchen/Du brauchst gute Nerven.*
- *sich lassen* + Infinitiv: *Der Trick lässt sich nachmachen.*
- *sein* + Adjektiv (mit *-bar, -lich, -fähig*): *Es ist verständlich.*

7
a Welche Ersatzform für das Passiv wurde für den folgenden Zahlentrick eingesetzt? Notiere sie darunter.
b Wähle eine andere Ersatzform für das Passiv aus und schreibe den umformulierten Trick in dein Heft.

1. Notiere dir eine siebenstellige Nummer (z. B. eine Telefonnummer).
2. Nimm einen Taschenrechner zur Hand.
3. Tippe die ersten drei Ziffern deiner Nummer ein.
4. Multipliziere sie mit 80.
5. Addiere die Zahl 1.
6. Multipliziere das Ergebnis mit 250.
7. Addiere die letzten vier Ziffern der Zahl.
8. Addiere diese vierstellige Zahl nochmals.
9. Ziehe vom Ergebnis die Zahl 250 ab.
10. Teile das Ergebnis durch 2.
11. Schreibe das Ergebnis auf.

Die gewählte Ersatzform für das Passiv ist ______

Das Verb
Der Konjunktiv

Merkwissen Den Konjunktiv I bilden

Verben haben einen **Modus**, d. h. eine Aussageweise. Er zeigt an, wie wirklich und sicher eine Aussage ist.
- Der **Indikativ** ist die **Wirklichkeitsform**, z. B.: *Julia sagt: „Ich kenne Zaubertricks."*
- Der **Konjunktiv I** wird z. B. **in der indirekten Rede** verwendet, um zu zeigen, dass nur wiedergegeben wird, was jemand gesagt hat, z. B.: *Julia sagt, sie kenne Zaubertricks.*

Der **Konjunktiv I** wird durch den **Stamm des Verbs** (Infinitiv ohne *-en*) + **Personalendung** gebildet, z. B.:

Singular		**Plural**	
Indikativ Präsens	**Konjunktiv I**	**Indikativ Präsens**	**Konjunktiv I**
ich komm-e	*ich komm-e*	*wir komm-en*	*wir komm-en*
du komm-st	*du komm-est**	*ihr komm-t*	*ihr komm-et**
er/sie/es komm-t	*er/sie/es komm-e*	*sie komm-en*	*sie komm-en*

* In einigen Fällen wird ein *e* eingefügt.

1 Markiere im folgenden Text alle Verbformen im Indikativ grün und die im Konjunktiv I blau.

Echte Zauberei?

Julia erzählt Tim, dass sie zum Geburtstag einen Zauberkasten bekommen habe. Der Kasten enthalte Spielkarten, Münzen und einen magischen Würfel. Ein Zauberstab und ein Zauberbuch seien natürlich auch dabei. Sie schauen sich den Kasten an, worauf steht, damit lerne man das Zaubern im Handumdrehen. Tim und Julia entscheiden sich für die spannendste Herausforderung. Sie wollen Münzen auf magische Art und Weise vermehren und damit reich werden. Beim Blick ins Zauberbuch sind sie aber enttäuscht. Darin steht, dass es sich dabei nur um einen Zaubertrick handele, mit dem man das Publikum täuschen könne. Die Anzahl der Münzen verändere sich in Wirklichkeit nicht.

Merkwissen Den Konjunktiv II bilden

Der **Konjunktiv II** kennzeichnet Unwirkliches, Unwahrscheinliches, Zweifel, aber auch eine höfliche Aufforderung. Der Konjunktiv II wird **vom Präteritum Indikativ abgeleitet**.

	Indikativ Präteritum	**Konjunktiv II**	**Indikativ Präteritum**	**Konjunktiv II**
Regelmäßige Verben:	*du suchtest*	*du suchtest*	*ich liebte*	*ich liebte*
Unregelmäßige Verben:	*er sah*	*er sähe*	*wir fuhren*	*wir führen*

Die **Ersatzform mit *würde* + Infinitiv** wird verwendet, wenn die Konjunktiv-II-Form …
- vom Indikativ Präteritum nicht zu unterscheiden ist, z. B.: *wir gingen ⟶ wir würden gehen,*
- ungebräuchlich ist, z. B.: *ich empföhle ⟶ ich würde empfehlen.*

2 Setze in den Sätzen A bis D die unterstrichenen Verben in den Konjunktiv II und verwende in den Sätzen E und F die Ersatzform mit *würde*. Schreibe die Sätze in dein Heft.

A Wenn ein Zauberer mir *anböte* anbieten, mir einen Wunsch zu erfüllen, bitten ich ihn, mich unsichtbar machen zu können. **B** Dann müssen ich im Kino keinen Eintritt zahlen, fahren kostenlos mit Bus und Bahn und fliegen ohne Ticket im Flugzeug. **C** Außerdem können ich andere heimlich belauschen und ihnen lustige Streiche spielen. **D** Aber: Was sehen die Leute auf meinem Passbild? **E** Wie erkennen meine Freunde mich? **F** Überrennen andere Fußgänger mich nicht ganz schnell versehentlich?

Merkwissen Der Konjunktiv in der indirekten Rede

In **indirekter Rede** kann man wiedergeben, was jemand gesagt hat. Das Verb steht im **Konjunktiv I**.
Wer etwas gesagt hat, wird in einem einleitenden Hauptsatz angegeben, z. B.:
Der Zauberer betont: „Ich mag meine Arbeit sehr." (wörtliche Rede im Indikativ)
Der Zauberer betont, er möge seine Arbeit sehr. (indirekte Rede im Konjunktiv I)
Tipp: Beachte den Pronomenwechsel: *ich* ⟶ *er*.

Ersatzformen:

- Wenn der Konjunktiv I sich nicht vom Indikativ Präsens unterscheidet, wird der **Konjunktiv II** oder die **Ersatzform mit *würde* + Infinitiv** verwendet.
- Ist der Konjunktiv II formgleich mit dem Indikativ Präteritum, muss die **Ersatzform mit *würde*** gewählt werden.

Indikativ: *Der Volksmund sagt: „Magier paktieren mit dunklen Mächten."*
Konjunktiv I: *Der Volksmund sagt, Magier paktieren mit dunklen Mächten.* (Konjunktiv I = Indikativ Präsens)
⟶ Konjunktiv II: *Der Volksmund sagt, Magier paktierten mit dunklen Mächten.*
⟶ Ersatzform mit *würde* + Infinitiv: *Der Volksmund sagt, Magier würden mit dunklen Mächten paktieren.*

3
a Unterstreiche im folgenden Text alle Verbformen im Konjunktiv I blau.
b Ein Verb steht im Konjunktiv II. Umkreise es.
c Unterstreiche die Ersatzform mit *würde* + Infinitiv grün.
d Unterstreiche die vier einleitenden Hauptsätze rot.

ChrisMagic bezaubert

Der berühmte Zauberer ChrisMagic erklärt im Interview, dass sein Interesse für Zauberei schon in seiner Kindheit angefangen habe. Er erinnert sich, dass er acht Jahre alt gewesen sei, als er im Fernsehen eine Sendung über Zauberkünstler gesehen habe. Später habe er sich dann einen Zauberkasten gekauft. Heute gehe er in spezielle Geschäfte, wo er professionelle Zaubertricks kaufe, erzählt ChrisMagic weiter. Außerdem hätten nette Kollegen ihm viel über Zauberei beigebracht. Als er gefragt wird, ob man allein von der Zauberkunst leben könne, antwortet ChrisMagic, dass dies zwar möglich sei, dass viele seiner Kollegen aber nicht hauptberuflich als Zauberer arbeiten würden.

4 Erkläre, warum im Text von Aufgabe 3 einmal der Konjunktiv II und einmal die Ersatzform mit *würde* gewählt werden musste.

Der Konjunktiv II musste gewählt werden, weil der Konjunktiv I ______________________

____

Die Ersatzform mit *würde* musste gewählt werden, weil ______________________

____

●●●5 Formuliere die folgenden Äußerungen von ChrisMagic in deinem Heft in indirekte Rede um.
Verwende den Konjunktiv I und achte bei den einleitenden Hauptsätzen auf abwechslungsreiche Verben.

A „Mein Showprogramm ist einfach für alle interessant."
B „Ich arbeite mittlerweile vornehmlich für Firmenkunden auf Messen und Firmenfeiern."
C „Jedoch betreue ich auch sehr gern noch schöne Privatveranstaltungen wie Hochzeiten oder Geburtstage."

Texte überarbeiten

Übereinstimmung zwischen Pronomen und Bezugswort prüfen

1 Im folgenden Textauszug über die Geschichte der Zauberei sind einige Pronomen nicht richtig dekliniert.
a Markiere alle Possessivpronomen (→ S. 30).
b Unterstreiche die Nomen/Substantive oder Wortgruppen, die sie begleiten.
c Schreibe über die falsch deklinierten Possessivpronomen die richtige Form.

Die Geschichte der Zauberkunst

Schon die alten Griechen beherrschten die Kunst des Taschenspiels, benannt nach der Tasche, in der die Gaukler ~~ihren~~ *ihre* Requisiten aufbewahrten. Mit ihre Tricks wollten die Zauberer ihre Publikum belustigen und unterhalten. Viele Zaubertricks wurden aber auch von Kriminellen erfunden. Falschspieler und Taschendiebe bereicherten sich mithilfe ihren Fingerfertigkeit unrechtmäßig. Im 16. Jahrhundert veröffentlichte Reginald Scot seine Buch „The Discoverie of Witchcraft". Der Autor wollte die Menschen mit sein Werk über verschiedene Zaubertricks von Taschenspielern und Gauklern aufklären und ihnen zeigen, dass es sich bei deren Zaubereien nicht um Teufelswerk, sondern um natürliche Täuschungen handelte.

2 a Markiere im folgenden Textauszug alle Demonstrativpronomen (→ S. 30).
b Unterstreiche die Nomen/Substantive oder Wortgruppen, die die Demonstrativpronomen ersetzen oder begleiten.
c Schreibe über die falsch deklinierten Demonstrativpronomen die richtige Form.

Im 18. Jahrhundert wurde Zauberei zunehmend salonfähig, sodass viele Könige Hofnarren engagierten. Diesen sollten solchen Zaubertricks vorführen, die verblüfften und zur Unterhaltung des Königs und seiner Gäste beitrugen. Im 19. Jahrhundert waren dann jener Zauberer erfolgreich, die ganz besondere Tricks beherrschten. Man stellte fest, dass schwarze Gegenstände vor einem schwarzen Hintergrund nur schwer wahrzunehmen sind, und entwickelte auf Grundlage diese Erkenntnis das sogenannte „schwarze Kabinett". Der berühmte Zauberer Harry Houdini erfand verschiedene Entfesselungstricks. Dieser machten ihn weltberühmt. Das Haus „El Rei De La Magia" in Barcelona ist bis heute nicht nur bei Fachleuten berühmt: An diese Ort stellt man bereits seit 1881 Zauberzubehör und -geräte her und bietet seither auch Unterricht im Zaubern an.

Den Konjunktiv in der indirekten Rede prüfen

1 Prüfe dein Wissen über die indirekte Rede.
Kreuze bei jeder der folgenden Aussagen an, ob sie richtig oder falsch ist.

		richtig	falsch
A	Bei der indirekten Rede verwendet man den Indikativ.	☐	☐
B	Man verwendet bei der indirekten Rede auch den Konjunktiv II oder die Ersatzform mit *würde*, um den Unterschied zum Indikativ Präsens zu verdeutlichen.	☐	☐
C	Der Konjunktiv I wird vom Indikativ Präteritum abgeleitet. Bei unregelmäßigen Verben werden *a, o, u* im Wortstamm zu *ä, ö, ü*.	☐	☐

2 Der folgende Text ist ein Bericht für eine Schülerzeitung. Die Redebeiträge wurden hier in wörtlicher Rede festgehalten. Überarbeite den Text, indem du die wörtliche Rede in indirekte Rede umformst.

a Markiere alle Verben in der wörtlichen Rede und notiere am Rand den Konjunktiv oder die Ersatzform mit *würde*.
Tipp: Beachte den Pronomenwechsel von *ich, wir* ⟶ *er/sie, sie*.

b Schreibe den überarbeiteten Artikel in dein Heft.

Die Zaubershow am Anne-Frank-Gymnasium

Am 6. Mai fand am Anne-Frank-Gymnasium eine Zaubershow der in diesem Schuljahr neu gegründeten Zauber-AG statt. Wie es dazu kam, berichtet der Deutschlehrer Herr Tanner, der die AG leitet: „Ich selbst zaubere schon seit meinem Studium. Manchmal zeige ich meinen Schülern am Stundenende einen meiner Tricks. Eines Tages haben mich die Schüler zur Gründung einer Zauber-AG überredet."

Während der Show ließen die Zuschauer sich von Karten- und Seiltricks beeindrucken. „Besonders genial ist der Trick von Tim", schwärmte der Schulleiter, „er kann einen Geldschein verschwinden lassen und ihn wieder herbeizaubern."

Nach der Pause verblüffte Lea mit ihren Fähigkeiten im Gedankenlesen. Sie forderte einen Zuschauer auf, eine Zahl zwischen eins und sechs zu nennen und anschließend in ihre Jackentasche zu greifen. Erstaunlicherweise fand sich dort ein Zettel mit der vom Zuschauer genannten Zahl. Am Ende der Show verriet sie den Trick: „Für jede Zahl habe ich eine eigene Tasche. Sagt der Zuschauer also ‚zwei', forderte ich ihn auf, in die linke Hosentasche zu greifen, sagt er ‚drei', ist es die rechte Jackentasche und so weiter."

Aber wie haben die Schüler all diese spektakulären Tricks gelernt? Jonas erklärte am Ende der Show: „Meistens lernen wir die Zaubertricks mit Videos aus dem Internet. Wir müssen dann lange vor dem Spiegel üben, bis sie reibungslos funktionieren."

Sprachgeschichte

Das Falkenlied – Ein mittelhochdeutscher Text

Das berühmte Falkenlied des Autors Der von Kürenberg gehört zu den bekanntesten mittelhochdeutschen Texten. Es soll um das Jahr 1160 entstanden sein. Man denkt zunächst, dass ein entflogener Falke beklagt wird. Das Falkenlied findet sich jedoch in der Überlieferung immer zusammen mit Minneliedern. Minnelieder sind meist Liebeslieder.

1 a Lies die beiden Gedichtversionen aufmerksam durch.
b Was glaubst du, was in dem Falkenlied besungen wird?
Notiere deine Vermutungen.

Ich zoch mir einen valken …

Ich zoch mir einen valken
mere danne ein jar.
do ich in gezamete
als ich in wolte han
und ich im sin gevidere
mit golde wol bewant,
er huop sich uf vil hohe
und floug in anderiu lant.

Sit sach ich den valken
schone fliegen:
er fuorte an sinem fuoze
sidine riemen,
und was im sin gevidere
alrot guldin.
got sende si zesamene
die gerne geliep wellen sin!

Ich zog mir einen Falken …

Ich zog mir einen Falken
länger als ein Jahr.
Als ich ihn gezämt,
wie ich ihn haben wollte,
und sein Gefieder
mit Gold geschmückt hatte,
hob er sich hoch auf
und flog davon.

Seither sah ich den Falken
schön fliegen:
Er führte an seinem Fuß,
seidene Fesseln
und sein Gefieder
war ganz rotgolden.
Gott führe sie zusammen,
die einander gerne liebhaben wollen.

2 Vergleiche den mittelhochdeutschen und den neuhochdeutschen Text miteinander. Unterstreiche in beiden die Wörter, die gleich oder zumindest sehr ähnlich sind.

●●●3 Welche Besonderheiten der Schreibweise des Mittelhochdeutschen fallen dir auf? Schreibe mindestens zwei auf.

Ein Textauszug aus der Luther-Bibel im Wandel der Zeit

Text I: Frühneuhochdeutsch (1534)

Es begab ſich aber zu der zeit / das ein gebot von dem Keiser Augusto ausgieng / das alle welt geſchetzt wůrde. Vnd dieſe ſchetzung war die aller erſte / vnd geſchach zur zeit / da Kyrenios Landpfleger jnn Syrien war / Vnd jderman gieng / das er ſich ſchetzen lieſſe / ein jglicher jnn ſeine ſtad. Da machet ſich auff auch Joſeph aus Galilea[1] / aus der ſtad Nazareth / jnn das Jůdiſche land / zur ſtad Dauid[2] / die da heiſſt Bethlehem / darumb das er von dem hause vnd geſchlechte Dauid war / auf das er ſich ſchetzen lies mit Maria ſeinem vertrawten weibe / die war ſchwanger.

Text II: Neuhochdeutsch (1900)

Es begab sich aber zu der Zeit, daß ein Gebot von dem Kaiser Augustus ausging, daß alle Welt geschätzt würde. Und diese Schätzung war die allererste, und geschah zur Zeit, da Cyrenius Landpfleger in Syrien war. Und jedermann ging, daß er sich schätzen ließe, ein jeglicher in seine Stadt. Da machte sich auf auch Joseph aus Galiläa[1], aus der Stadt Nazareth, in das jüdische Land zur Stadt Davids[2], die da heißt Bethlehem, darum daß er von dem Hause und Geschlechte Davids war, auf daß er sich schätzen ließe mit Maria, seinem vertrauten Weibe, die war schwanger.

1 Vergleiche die Texte I und II in Bezug auf Großschreibung, Kommasetzung und s-Laute und schreibe deine Beobachtungen auf.

Großschreibung: ______________________

Kommasetzung: ______________________

s-Laute: ______________________

Text III: Hochdeutsch (1960)

Es begab sich aber in jenen Tagen, daß eine Verordnung vom Kaiser Augustus ausging, es solle eine Volkszählung (oder: Einschätzung) im ganzen Römischen Reich vorgenommen werden. Es war dies die erste Zählung (oder: Schätzung), die zu der Zeit stattfand, als Quirinius Statthalter in Syrien war. Da machten sich alle auf, um sich in die Listen eintragen (oder: sich schätzen) zu lassen, ein jeder in seinem (Heimat-) Ort. So zog denn auch Joseph von Galiläa[1] aus der Stadt Nazareth nach Judäa[3] hinauf nach der Stadt Davids[2], die Bethlehem heißt, weil er aus Davids Hause und Geschlecht stammte, um sich daselbst mit Maria, seiner jungen Ehefrau, die guter Hoffnung war, einschätzen zu lassen.

1 Galilea/Galiläa liegt im heutigen Israel. Die Entfernung zwischen Nazareth und Bethlehem beträgt etwa 120 km.

2 Dauid/David ist ein früherer König der Juden.

3 Judäa ist das heutige Westjordanland.

2 Vergleiche die Wortwahl in allen drei Texten miteinander. Was fällt dir auf?

____

____

●●●3 Schreibe den Text in klaren, verständlichen Sätzen in heutigem Deutsch auf. Schreibe in dein Heft.
Überschrift: *Text IV: Gegenwartssprache (2013)*

Teste dein Wissen!
Wortarten und rund ums Verb

1 Markiere die Wortarten, die sich beugen lassen. (5 Punkte)

Verb Artikel Pronomen Konjunktion

Adjektiv Nomen Adverb Präposition

2 Setze die folgenden Infinitive in die verschiedenen Vergangenheitsformen des Verbs. (3 Punkte)

Infinitiv		Perfekt	Präteritum	Plusquamperfekt
A schreiben:	*ich …*			
B lesen:	*du …*			
C verlieren:	*wir …*			

3 Aktiv oder Passiv? Kreuze an. (5 Punkte)

	Aktiv	Passiv
A Der Abend war ein voller Erfolg.	☐	☐
B Die Illusionseffekte wurden bestaunt.	☐	☐
C Das Publikum wurde reich belohnt.	☐	☐
D Die Show war einfach fantastisch.	☐	☐
E Die Zuschauer werden auch nächstes Jahr auf ihre Kosten kommen.	☐	☐

4 Trage die fehlenden Personalformen in die Tabelle ein. (5 Punkte)

Tempus	Aktiv	Passiv
A Präsens:	er *sucht*	er
B Futur:	er	er *wird gesucht werden*
C Perfekt:	er *hat gesucht*	er
D Präteritum:	er	er *wurde gesucht*
E Plusquamperfekt:	er *hatte gesucht*	er

Vergleiche deine Ergebnisse mit dem Lösungsheft. Für jede richtige Antwort bekommst du einen Punkt.

☺ **18–14 Punkte**

Gut gemacht!

😐 **13–9 Punkte**

Gar nicht schlecht, aber lies dir das Merkwissen auf den Seiten 38 bis 52 noch einmal genau durch.

☹ **8–0 Punkte**

Arbeite die Seiten 38 bis 52 noch einmal genau durch.

Satzglieder unterscheiden

Merkwissen Satzglieder erkennen und bestimmen

- Mit der Umstellprobe kannst du feststellen, wie viele Satzglieder ein Satz hat. Die Wörter, die dabei zusammenbleiben, bilden ein Satzglied, z. B.:
  Manche berühmten Erfinder entwickelten schon in früher Kindheit große Neuerungen.
  Schon in früher Kindheit entwickelten manche berühmten Erfinder große Neuerungen.
- Mit der Frageprobe ermittelst du, um welche Art von Satzglied es sich jeweils handelt, z. B.:

Frage:	Wer oder was?		Wann?	Wen oder was?
	↓	↓	↓	↓
Satzglied:	Subjekt	Prädikat*	adverbiale Bestimmung	Akkusativobjekt

* Das Prädikat bildet zusammen mit dem Subjekt den Satzkern.

1 Füge die folgenden Fachwörter für die Satzglieder an der richtigen Stelle in die Übersicht ein:
Subjekt, Prädikat, Objekt, adverbiale Bestimmung

Satz

Satzglieder

______ ______ ______ ______

______

Genitivobjekt
Wessen?

Dativobjekt
Wem?

Akkusativobjekt
Wen oder was?

Präpositionalobjekt
Wofür? Worauf? Womit?
Der Kasus richtet sich nach der Präposition beim Verb.

der Zeit
Wann?

des Ortes
Wo?

des Grundes
Warum?

der Art und Weise
Wie?

Attribut
Erweiterung eines Satzglieds, z. B. Subjekt, Objekt, adverbiale Bestimmung

2 a Lies den folgenden Text über die Erfindung des Kaffeefilters.

1 Früher kochte man gemahlenen Kaffee in heißem Wasser auf.
2 Beim Trinken blieb der Kaffeesatz zwischen den Zähnen hängen.
3 1908 beendete Melitta Bentz das unangenehme Kaffeesatztrinken.
4 Sie durchlöcherte den Boden eines Messingtopfes.
5 Dann suchte sie nach einem möglichst wasserdurchlässigen Papier.
6 Im Schulheft ihres Sohnes fand sie das geeignete Löschpapier.
7 Nun bot sie den gefilterten Kaffee ihrem Mann an.
8 Seitdem erfreut sich der Melitta-Filter großer Beliebtheit.

b Beantworte die folgenden Fragen zum Text auf S. 45 und notiere die Antworten.
Tipp: Die Frageprobe und die Umstellprobe helfen dir dabei.

A Wie heißen in den Sätzen 1, 2 und 3 die Subjekte?

Satz 1: ______________________________

B Enthält Satz 4 ein Dativobjekt oder ein Akkusativobjekt? ______________________________

C Welches Objekt enthält Satz 5? ______________________________

D Wie viele Satzglieder enthält Satz 6? ______________________________

E Welche Art von Objekten enthält Satz 7? ______________________________

F Mit welchem Satzglied endet Satz 8? ______________________________

3 Ordne den folgenden Verben jeweils die passende Präposition zu.
Ziehe Verbindungslinien.

handeln	an
zweifeln	von
forschen	vor
sich begnügen	mit
flüchten	nach

Tipp Präpositionalobjekte bestimmen
Das Präpositionalobjekt steht nach Verben, die fest mit einer Präposition verbunden sind, z. B.: *lachen über, achten auf, warten auf*. Diese Präposition ist auch im Fragewort enthalten, z. B.: *Die Erfinderin hofft sehr* ***auf*** *den Durchbruch.* ⟶ **Worauf** hofft sie? Nach Präpositionalobjekten fragst du z. B. mit: *Wofür …? Wonach …? Wovon …? Womit …?*

●●●4 Unterstreiche im folgenden Text sechs Präpositionalobjekte.

Nicht alle Menschen interessieren sich für neue Erfindungen. Dabei gibt es im Alltag unzählige Anlässe für Neuerungen. Jens (13 Jahre) aus Leipzig zum Beispiel zweifelte an der Ehrlichkeit seiner Freunde. Nachdem er bei seinen Nachforschungen auf dem Dachboden seines Großvaters auf eine sehr sonderbare kleine Maschine gestoßen war, hatte er ihnen dies berichtet. Sie schworen einen Eid, dass sie nichts verraten würden. Aber Jens war misstrauisch. Er verband ein Stück Gartenschlauch und einen Trichter, indem er die Verbindungsstellen mit Klebestreifen umwickelte. Fertig war das Fernabhörgerät! Am nächsten Schultag bewegte Jens den Schlauch samt Trichter vorsichtig und leise voran, bis dieser den Tisch der Jungen erreichte. Er wollte erfahren, über welches Thema seine Freunde sprachen. Es gelang. Jens lauschte und wartete gespannt auf den befürchteten Verrat. Seine Freunde allerdings lachten laut über ihn!

Genaue Angaben machen Adverbiale Bestimmungen

Merkwissen Adverbiale Bestimmungen (auch: Adverbiale, Sg. Adverbial)

Adverbiale Bestimmungen sind Satzglieder, die **zusätzliche Informationen über** die **Zeit**, den **Ort**, den **Grund** und die **Art und Weise** eines Geschehens oder einer Handlung geben.
Mit der **Frageprobe** kannst du ermitteln, welche adverbiale Bestimmung vorliegt:
- Wann? Wie lange? Seit wann? Wie oft? **adverbiale Bestimmung der Zeit**
- Wo? Wohin? Woher? **adverbiale Bestimmung des Ortes**
- Warum? Weshalb? Weswegen? **adverbiale Bestimmung des Grundes**
- Wie? Auf welche Weise? Womit? **adverbiale Bestimmung der Art und Weise**

1 a Ordne den adverbialen Bestimmungen Farben zu. Male dazu die Felder aus.
b Unterstreiche im nachfolgenden Text 12 adverbiale Bestimmungen in den vier Farben.

☐ adv. Best. des Ortes ☐ der Zeit ☐ der Art und Weise ☐ des Grundes

Die Erfinderin mit Durchblick

Im Winter 1903 beobachtete die Amerikanerin Mary Anderson in New York den Verkehr. Bei Schnee und Regen mussten die Fahrer der Straßenbahnen und der ersten Automobile wegen der schlechten Sicht stoppen, aussteigen und von Hand die Windschutzscheibe säubern. Diese lästige und nasse Fahrtunterbrechung konnte Mary Anderson problemlos abschaffen. Sie konstruierte einen Schwingarm mit Gummiblatt, der im Wageninneren mechanisch in Bewegung gesetzt wird: Der Scheibenwischer war erfunden. Auf Grund ihrer Erfindung konnte die geschickte Konstrukteurin im November 1903 ein Patent anmelden. Das praktische Bauteil ist heute in jedem Auto Standard.

2 a Trage die folgenden adverbialen Bestimmungen passend in die Übersicht ein.

an einer Sollbruchstelle zuverlässig in den Jahren 1913/14

auf Grund vieler eigener Testflüge exakt gefaltet vor ihrer Erfindung

Adverbiale Bestimmung …

… der Zeit	… des Ortes	… der Art und Weise	… des Grundes

b Beantworte die Fragen in der Randspalte zum folgenden Text mithilfe der Adverbialbestimmungen aus Aufgabe 2 a. Trage sie in die Textlücken ein.

__________ erfand Katharina Paulus etwas, *wann?*

was nach ihr vielen Menschen das Leben retten sollte: das Fallschirmpaket.

__________ waren Fallschirme sperrige und schwere *wann?*

Tücher, die sich nicht __________ öffneten. K. Paulus verpackte den *wie?*

Fallschirm __________ in einen kleinen Sack, *wie?*

eine kleine Reißleine öffnete den Sack __________, *wo?*

sodass er sich entfaltete. __________ *warum?*

__________ konnte sie ihre Erfindung weiter verbessern.

●●●3 Erweitere die folgenden Sätze mit passenden adverbialen Bestimmungen. Schreibe zu A, B und C jeweils zwei erweiterte Sätze auf.

A Jede kluge Erfinderin / jeder kluger Erfinder tüftelt.

____

____

B Erfindungen entstehen.

____

____

C Ich selbst möchte etwas Tolles erfinden.

____

____

Deutschbuch

Arbeitsheft 7

Lösungen

Cornelsen

Schreiben

Informieren und berichten

Seite 4

1 b Am Rand notierte Fragen und unterstrichene Antworten:

Einleitung Wann geschah es? am 16. Juni ab 15:00 Uhr
Was geschah? Abertausende bunt schillernde Seifenblasen stiegen auf.
Wo geschah es? Leipziger Augustusplatz
Wer war beteiligt? mehrere Hundert Menschen, junge und alte, Singles und Familien mit Kindern

Hauptteil Wie lief das Ereignis ab? Punkt 15:00 Uhr, Menge zückte ihr Werkzeug, entstand eine riesige Wolke aus Seifenblasen, vorgesehene Zeit des Abbruchs, 15:05 Uhr, weit überschritten
Warum? Die Faszination des Schauspiels war sehr groß.

Schluss Welche Folgen hatte das Ereignis? unzählige Fotos und Videoaufnahmen im Netz

Seite 5

2 a blau (Was? Wann? Wer? Wo?), gelb (Wie? Warum?), *grün* (Welche Folgen?)

Herr Hackmann (Polizeisprecher): Am 6. Juli 2013 kurz nach 21:00 Uhr verlor ein voll beladener Getränkelaster einen großen Teil seiner Ladung auf der Bundesstraße 6 im niedersächsischen Syke. Beim Durchfahren einer Rechtskurve öffnete sich aus noch ungeklärter Ursache eine Seitenklappe des Anhängers. *Ein Großteil der Ladung, insgesamt 36 Paletten Mineralwasser und Limonade in Plastikflaschen, fiel auf die Fahrbahn. Die Bundesstraße musste komplett gesperrt werden.* Die Feuerwehr reinigte zusammen mit freiwilligen Helfern die Einsatzstelle. Gegen 23:30 Uhr wurde die Bundesstraße 6 für den Verkehr wieder freigegeben.

Paul (freiwilliger Helfer): Boa, eh, liegt da so'n krassbunter Laster quer auf der Straße. Ich habe über 100 Flaschen in meinen Kofferraum gestopft. Jetzt gibt es erst 'ne Lage Cola mit Freunden und dann auch noch Pfandgeld. Das ist ein toller Stundenlohn fürs Straßeräumen!

Herr Schmidt (Feuerwehrmann): Ich vermute, dass der Lkw-Fahrer die Tür seines Wagens nicht richtig zugemacht hatte. Aber wir hatten Glück im Unglück. Der Fahrer des Lkw ist unverletzt geblieben. Außerdem haben die vielen freiwilligen Helfer dafür gesorgt, *dass wir mit unseren Arbeiten superschnell vorankamen und die Sperrung der Straße schon bald wieder aufgehoben werden konnte.*

Geschäftsführer der Getränkefirma: Ich betrachte den ärgerlichen Unfall als gelungene Werbeaktion. *Das ist für uns gut gelaufen und ich denke, die Bevölkerung hat auch noch etwas davon gehabt. Der eine mehr, der andere weniger.*

Lena (freiwillige Helferin): Habe bei Facebook davon erfahren und bin sofort hingefahren! Das war ein krasser Anblick: Über eine Strecke von fast 100 Metern war die gesamte Bundesstraße total voll mit Getränkekisten und -flaschen. Freiwillige Helfer durften alles mitnehmen. Die Nachricht hat sich über Facebook sehr schnell verbreitet. Fast 200 Helfer waren vor Ort! Die Facebook-Party mit Freigetränken hat großen Spaß gemacht. Bei dem Wetter ist das eine tolle Sache!

Frau Müller (Anwohnerin): Das war schon wahnsinnig, wie schnell die Leute von dem Unfall erfahren haben. Offenbar hat jemand die Nachricht über Facebook verbreitet. Plötzlich kamen aus allen Richtungen Leute und haben sich mit Getränken eingedeckt. Offiziell heißen die jetzt „Helfer", aber *die aufgeplatzten Flaschen und den Dreck, den mussten dann doch die Leute von der freiwilligen Feuerwehr und die Anwohner beseitigen.*

2 b Mögliche Lösung:
Die Vermutung von Herrn Schmidt, der Lkw-Fahrer habe wohl seine Wagentür nicht richtig zugemacht, trifft wahrscheinlich nicht zu, denn die Ladung war natürlich im Anhänger. Auch wollten die vielen angeblichen freiwilligen Helfer wohl weniger helfen als kostenlos Getränke abholen.

Seite 6

3 **Einleitung** Was? Lkw verlor Ladung, Fahrbahn voll gesperrt, auf Strecke von fast 100 Metern Getränkekisten und -flaschen
Wann? 6. Juli 2013 kurz nach 21:00 Uhr
Wo? Bundesstraße 6, im niedersächsischen Syke
Wer? Lkw-Fahrer, Feuerwehr, fast 200 freiwillige Helfer

Hauptteil Wie und warum? aus ungeklärter Ursache öffnete sich Seitenklappe des Lkw, verlor Ladung, Nachricht verbreitete sich schnell über das Internet, Vollsperrung, Aufräumarbeiten (mit Helfern), Sperrung der Straße aufgehoben (23:30 Uhr)

Schluss Welche Folgen? Lkw-Fahrer unverletzt, Werbeaktion für Getränkefirma, Party mit Freigetränken, Feuerwehr und Anwohner räumten restliche Unfallfolgen

4 a, b Am 6. Juli 2013 verlor ein ~~fantasievoll lackierter~~ Lkw (Ausschmückung) auf der Bundesstraße 6 im niedersächsischen Syke voll viele Getränke (einen Großteil seiner Ladung; Umgangssprache), ~~wahrscheinlich weil die Tür nicht richtig verschlossen war~~ (Vermutung). Die ca. 200 über Facebook zusammengetrommelten (herbeigerufenen; Umgangssprache) Helfer, die die Feuerwehr unterstützten, verwandelten die Straße in eine supercoole (beeindruckende; Umgangssprache) Facebook-Party.

5 Gegen 21:00 Uhr öffnete sich die Seitenklappe des Anhängers, woraufhin sich 36 Paletten Mineralwasser und Limonade in Plastikflaschen über fast 100 Meter Fahrbahn verteilten. Nachdem die Bundesstraße voll gesperrt worden war, begann die Feuerwehr mit den Aufräumarbeiten. Kurz darauf kamen ca. 200 freiwillige Helfer dazu, die über Facebook von der Aktion erfahren hatten.

Seite 7

6 Wiedergabe in indirekter Rede:
A Eine freiwillige Helferin erzählte, die Nachricht habe sich über Facebook sehr schnell verbreitet.
B Die freiwillige Helferin berichtete, die Facebook-Party mit Freigetränken habe großen Spaß gemacht.
C Ein Feuerwehrmann erklärte, der Fahrer des Lkw sei unverletzt geblieben.
D Der Geschäftsführer der Getränkefirma bemerkte erfreut, er betrachte den ärgerlichen Unfall als gelungene Werbeaktion.

7 a Möglicher Hauptteil und Schluss:
Hauptteil: Gegen 21:00 Uhr öffnete sich die Seitenklappe des belandenen Getränkelasters, woraufhin sich 36 Paletten Mineralwasser und Limonade in Plastikflaschen über fast 100 Meter Fahrbahn verteilten. Nachdem die Bundesstraße voll gesperrt worden war, begann die Feuerwehr mit den Aufräumarbeiten. Kurz darauf kamen ca. 200 freiwillige Helfer dazu, die über ein soziales Netzwerk im Internet von dem Unfall erfahren hatten. Gegen 23:30 Uhr wurde die Bundesstraße für den Verkehr wieder freigegeben.
Schluss: Eine freiwillige Helferin meinte, die Party mit Freigetränken habe großen Spaß gemacht. Ein Feuerwehrmann stellte fest, der Fahrer des Lkw sei unverletzt geblieben und der Geschäftsführer der Getränkefirma erklärte, er betrachte den ärgerlichen Unfall als gelungene Werbeaktion. Auch wenn die vollen Flaschen schnell eingesammelt waren, mussten Feuerwehr und Anwohner den restlichen Dreck allein aufräumen.

b Mögliche Überschrift: Facebook räumt Flaschen von der Fahrbahn

8 Beantwortet der Bericht alle **W-Fragen**?
Wurde das Geschehen in **der zeitlich richtigen Reihenfolge** wiedergegeben?
Informiert der Bericht **knapp und genau** über das Ereignis?
Ist der Bericht **sachlich** formuliert?
Ist die Überschrift **knapp und treffend**?
Wurde das richtige **Tempus** verwendet, nämlich **Präteritum** oder **Plusquamperfekt**?

Argumentieren und überzeugen

Seite 8

1 a Unterstrichene Argumente:
- Handys verstärken bei Kindern, die damit ein Problem haben, das Heimweh, weil sie glauben, möglichst oft zu Hause anrufen zu müssen. (Z. 11–12)
- Auch für das Verhalten in der Gruppe haben sich Handys als schädlich erwiesen. Denn einige Kinder verlassen sich darauf, dass ihre Eltern ihre Probleme für sie regeln, statt dies selbst zu tun. (Z. 16–18)
- Ohne schnellen Kontakt nach Hause sind die Kinder darauf angewiesen, ihre Konflikte selbst zu lösen. Das klappt, wie sich immer wieder zeigt, sehr gut. (Z. 20–22)
- Zudem macht das Handy viele Schüler unzuverlässig, da sie glauben, ein Anruf genüge. (Z. 23–24)
- Wie Sie sehen, stärkt der Handy-Verzicht Ihr Kind und sein Sozialverhalten, weil es lernt, auf eigenen Füßen zu stehen und seine Probleme selbst zu lösen. (Z. 29–31)

Unterstrichene Beispiele:
- Gerade der Klang der Stimme von Mutter oder Vater bestärkt sie aber in dem Gefühl von Trennung und Einsamkeit. (Z. 12–14)
- So habe ich zum Beispiel erlebt, dass ein Schüler auf der Klassenfahrt bei seiner Mutter anrief, weil er Streit mit seinen Zimmergenossen hatte. (Z. 18–20)
- Statt pünktlich am vereinbarten Treffpunkt zu erscheinen, rufen sie nur bei der Lehrkraft oder bei Mitschülern an und nennen fadenscheinige Gründe für ihre Verspätung. (Z. 24–26)

b In den Zeilen 3 bis 6 greift die Lehrerin den Einwand auf, dass die Eltern wissen möchten, ob es ihrem Kind gut geht und die Gruppe heil angekommen ist. Mit dem Versprechen, nach der Ankunft eine Telefonkette zu starten, begegnet die Lehrerin diesem Einwand. Damit erweckt die Lehrerin gleich zu Anfang des Briefes den Eindruck, dass den angeschriebenen Eltern durch den Handy-Verzicht keine Probleme entstehen.

Seite 9

3 a Das Thema als Frage: „Sollte man Läster-Foren im Internet sperren?"

b Meinung, Argument, Beispiel
Nele Vennry, Potsdam: Man sollte die Läster-Foren verbieten, weil es nicht alle etwas angeht, ob jemand gerade ein Kilo zugenommen hat oder nicht. Es ist nicht dasselbe, ob so was auf dem Schulhof oder im Internet herumgeht. Im Netz ist es einfach feige und unfair.
Merle Kärber, Dessau: Ich finde Ablästern im Internet gut. Wenn jemand einen den ganzen Tag nervt, will man einfach mal bei anderen Dampf ablassen. Das ist doch okay!
Mirko Klemens, Leipzig: Lästern ist oft nah dran am Mobbing. Egal wie, das sollte verboten werden! Das Opfer muss oft lange Zeit unter den Anfeindungen leiden. Dass es dafür sogar extra Webseiten gibt, ist fies und gemein.
Theresa Dworschek, Schwerin: Man sollte das öffentliche Lästern verbieten. Wenn man motzen will, dann im Freundeskreis, aber doch nicht im Internet! Solche Sachen kann man ja nicht mehr löschen. Stell dir mal vor, du lästerst fröhlich über jemanden und nachher triffst du ihn und findest ihn ganz nett. Wäre doch schrecklich!
Samuel Rabé, Erfurt: Läster-Seiten zu blockieren, das geht gar nicht! Das wäre Internet-Zensur und die sollte eigentlich in einem Rechtsstaat wie Deutschland verboten sein. Wenn man die Seiten blockiert, hilft man dem Opfer nicht, sondern duckt sich nur weg. Der Betroffene wird nämlich einfach weitergemobbt, etwa per E-Mail oder SMS.

c

pro	kontra
– Die veröffentlichten Informationen gehen nicht alle etwas an. – Die Opfer leiden womöglich lange Zeit unter den Anfeindungen. – Was einmal im Internet steht, kann man nie wieder löschen.	– Man kann seinen Unmut über Leute äußern, die einem auf die Nerven gehen. – Seiten im Internet zu blockieren, bedeutet Zensur. Das ist in Deutschland verboten. – Ein Verbot hilft den Opfern nicht wirklich, sie werden dann auf andere Weise gemobbt.

Einen Leserbrief schreiben

Seite 10

4 b, c Mögliches weiteres **Pro**-Argument mit Beispiel (hier ausformuliert):
– Internet-Foren sollten verboten werden, denn es reicht nicht, an die Fairness und die Selbstkontrolle der Internet-Nutzer zu appellieren. Die vorhandenen Läster-Foren geben ganz viele Beispiele für Menschen, die Spaß daran haben, gemein und unfair zu sein.
Mögliches weiteres **Kontra**-Argument mit Beispiel (hier ausformuliert):
– Es bringt nichts, Internet-Foren zu verbieten, denn es werden sich schnell andere Möglichkeiten zum Lästern finden. Man kann zum Beispiel auch bei Facebook oder Twitter über andere Menschen herziehen.

d Mögliche Einwände können aus der Pro-und-Kontra-Tabelle von Aufgabe 3 c abgeleitet werden:
– Wenn du **für** das Verbot von Lästerforen bist, findest du bei „kontra" mögliche Einwände.
– Wenn du **gegen** das Verbot von Lästerforen bist, findest du bei „pro" mögliche Einwände.

e Beispiele für entkräftete Einwände:
– Sicherlich kann man einwenden, dass die Meinungsfreiheit in unserem Land ein hohes demokratisches Gut und Zensur deshalb eigentlich verboten ist. Aber es muss auch berücksichtigt werden, dass die Würde des Menschen durch das Grundgesetz geschützt ist. Deswegen werden ja auch andere Internetseiten mit widerrechtlichem Inhalt blockiert.
– Es mag ja sein, dass man manchmal Dampf ablassen möchte, wenn man sich über jemanden geärgert hat. Die beste Lösung wäre es, dies dem Betroffenen selbst mitzuteilen. Es kann aber auch helfen, wenn man zum Beispiel seinem besten Freund oder seiner besten Freundin davon erzählt.
– Es ist sicher richtig, dass einige Menschen sehr darunter leiden, wenn über sie im Internet gelästert wird. Meiner Erfahrung nach nehmen die meisten das aber gar nicht so ernst. Oft ist es auch nur eine Sache von begrenzter Dauer und dann ist es mit dem Lästern wieder vorbei.

Seite 11

5 Möglicher Leserbrief:

Artikel zu Läster-Foren in „jugendjetzt" 9/2013

Liebe Redaktion,

mit Interesse las ich in der letzten Ausgabe die Meinungsseite zum Thema „Sollte man Läster-Foren im Internet sperren?" Sie haben um die Meinung der Leser gebeten: Ich bin für ein solches Verbot. Zu den Argumenten, die auf der Seite schon zu finden waren, möchte ich noch ergänzen: Lästern in Internet-Foren erscheint mir vor allem auch deshalb feige, weil man seinen richtigen Namen nicht anzugeben braucht. So hat das Opfer keine Chance, sich persönlich gegen das Lästern zu wehren. Außerdem sind Internet-Foren unfair, da in ihnen eine Person nur einseitig dargestellt wird. Wenn etwa darüber gelästert wird, wie jemand aussieht, kommt dabei zu kurz, dass er oder sie ein netter Mensch sein oder eine tolle Begabung haben kann.

Es mag ja sein, dass man manchmal Dampf ablassen möchte, wenn man sich über jemanden geärgert hat. Aber das muss nicht jeder mitbekommen. Es kann ja auch schon helfen, wenn man zum Beispiel seinem besten Freund oder seiner besten Freundin davon erzählt.

Ich glaube nicht, dass es reicht, an die Fairness oder Selbstkontrolle der Foren-Nutzer zu appellieren. Deshalb halte ich ein Verbot der Läster-Foren für die beste Lösung.

Viele Grüße

Unterschrift

6 a–c Möglicher Antwortbrief eines Elternteils an die Lehrerin:

Betreff: Kein Handy-Verbot auf der Klassenfahrt

Liebe Frau Müller,

leider kann ich Ihrer Argumentation gegen die Mitnahme von Handys in keinem Punkt folgen. Ein Anruf zu Hause mindert zwar das Heimweh nicht, aber Eltern können heute per Handy immerhin aus der Ferne reagieren und Sie als Lehrerin werden dadurch entlastet. Auch wenn unsere Kinder ihre Konflikte nach Möglichkeit selbst lösen sollen, gibt es doch Ausnahmen. Im Falle von Mobbing gegen ein einzelnes Kind ist es hilfreich, wenn sich das Kind seinen Eltern am Handy anvertrauen kann. Ich selbst musste auf einer Klassenfahrt nächtliche Quälereien von Zimmergenossen aushalten und tagsüber den Spott der Klasse. Der Lehrkraft habe ich mich nicht anvertraut, aber bei einem Anruf meiner Eltern hätte ich mich bestimmt ausgesprochen und das hätte mir geholfen.

Ihrem Argument, das Handy mache die Schüler unzuverlässig, kann ich nur entgegnen, dass das Handy gerade in Bezug auf Treffpunkte unverzichtbare Vorteile bietet. Wie war es denn früher, wenn ein Kind bei einer Wanderung oder an belebten Orten verloren ging? Dann blieb den Lehrkräften meist nur die Wahl, die Polizei einzuschalten und das Kind suchen zu lassen. Heute genügt ein Anruf und notfalls könnte das Kind über ein eingeschaltetes Handy schnell und zuverlässig geortet werden. Allein dieser Vorteil wiegt wohl alle denkbaren Nachteile auf.

Eltern wird heutzutage oft vorgeworfen, sie würden ihre Kinder vernachlässigen. Deshalb sollte die gute Möglichkeit eines Kontakts über das Handy auf Klassenfahrten nicht verboten, sondern vielmehr gefördert werden. Zum Beispiel indem eine feste Zeit (vor/nach dem Abendbrot) vereinbart wird, zu der die Eltern ihre Kinder auf der Klassenfahrt anrufen sollten, damit diese von ihren Erlebnissen berichten können.

Und genauso, wie Handys im Unterricht nicht eingeschaltet werden dürfen, können sie auch bei bestimmten Aktivitäten auf Klassenfahrten ausgeschaltet bleiben. Im Übrigen bin ich überzeugt, dass Sie in Ihrem Unterricht die Selbstständigkeit unserer Kinder fördern und freue mich darüber. Ich plädiere nichtsdestotrotz für die Mitnahme von Handys durch alle Kinder der Klasse.

Mit freundlichen Grüßen

Gerald Schmidt

Beschreiben und erklären

Seite 12

1 **Geschlecht:** weiblich | **Alter** (geschätzt): 40 Jahre | **Größe** (geschätzt): 1,60 m | **Figur/Körperhaltung:** schlank, aufrecht stehend | **Nationalität:** chinesisch | **Tätigkeit:** pflückt Teeblätter

2 Siehe Aufgabe 3, Hauptteil, 2. Absatz

3 Mögliche Personenbeschreibung:

(Einleitung) Auf dem Foto ist eine chinesische Teepflückerin mittleren Alters (etwa vierzig Jahre alt) abgebildet. Sie steht zwischen zwei Reihen von hüfthohen, dunkelgrünen Büschen in einer Teeplantage. Mit beiden Händen pflückt sie Blätter von einem Strauch ab.

(Hauptteil) Die ca. 1,60 m große Frau schaut direkt in die Kamera. Um sich vor Sonne und Regen zu schützen, ist ihr Kopf von einem großen, vermutlich aus Stroh geflochtenen Hut bedeckt. Ihre dunklen Haare sind deshalb nur am Haaransatz sichtbar. Die Frau lächelt breit. Darum blinzeln ihre dunklen, mandelförmigen Augen unter den buschigen Augenbrauen. Außer den Lachfalten rund um die Augen ist ihre Haut glatt. Ihre vollen Wangen, die eher kurze, breite Nase und ein rundes Kinn bestimmen das oval geschnittene Gesicht der Frau. Im lachend geöffneten Mund strahlen zwei gleichmäßige, weiße Zahnreihen.

Die Teepflückerin trägt traditionelle Arbeitskleidung. Über einer mittelblauen Bluse, deren Ärmel etwas hochgekrempelt sind, trägt die Arbeiterin eine dunkelblaue, mit weißen Blumenmotiven bestickte Jacke mit kurzen Ärmeln. Sie ist halblang, reicht also bis zu den Oberschenkeln, und seitlich etwas geschlitzt. Die Jacke weist einen hochgeschlossenen Stehkragen mit abgerundeten Ecken auf, in dessen Ausschnitt vorn ein rosafarbenes Tuch hervorblitzt. Geschlossen wird sie von weißen Knebelknöpfen und gestickten, ebenfalls weißen Schlaufenverschlüssen. Die Knopfleiste sitzt nicht in der Mitte der Jacke, sondern etwas versetzt über der rechten Brustseite. Die gesamte Jacke ist in eine weiße Zierleiste eingefasst. Unter der Jacke trägt die Teepflückerin eine schwarzblaue lange Hose. Ihre Füße sind auf dem Foto nicht sichtbar. Als Tragevorrichtung für die Teeernte hängt quer über ihrer Brust ein breiter, grüner Trageriemen mit einem hellen, geflochtenen Bastkorb.

(Schluss) Die Teepflückerin auf dem Foto wirkt sehr freundlich und sympathisch. Die Arbeit scheint ihr Freude zu bereiten.

Seite 13

1 b Beurteilung der Bildbeschreibung:
Die Bildbeschreibung ist sinnvoll in Einleitung, Hauptteil und Schluss gegliedert. Im Hauptteil werden die Personen auf dem Bild und ihre Tätigkeiten sehr detailliert und genau beschrieben. Umso mehr wundert es, dass der große Baum am rechten Bildrand gar nicht erwähnt wird. Welche Bedeutung der Baum auf diesem chinesischen Bild hat, kann nur vermutet werden. Auf einem europäischen Bild würde der große dunkle Baum am rechten Bildrand als bedrückend empfunden, weil Europäer von links nach rechts lesen. Der Blick bleibt dann an dem dunklen Baum hängen und könnte ein versteckter Hinweis darauf sein, dass die Arbeit des Reisanbaus hart ist und die Landarbeiter auf dem Bild nicht in eine freundliche Zukunft blicken. Wenn man den Baum berücksichtigt, kann man zu einem anderen Schluss kommen als die Autorin oder der Autor der Bildbeschreibung.

Seite 14

2 Bildbetrachtung in Stichwörtern:
Gesamteindruck: Reisbauern beim Sieben der Reisernte im Dorf
Hauptmotiv: im Vordergrund vier Männer bei der Reisverarbeitung
Natur: links Wasser hinter einem Zaun, Hintergrund hohe Schilf- oder Bambuspflanzen
Tiere: Zwei Hennen und ein Hahn picken Reiskörner.
Gebäude: Mehrere Häuser sind aus Stein oder Lehm, Holz und Bambus mit Schilfdächern. Ein Haus hat teilweise auch Dachziegel. Das teils aus Stein gebaute Haus im Vordergrund hat einen Fensterladen.
Figuren: vier Männer mit leichter, weit geschnittener Kleidung und leichten Schuhen, Schnurrbärte und kleine lange Kinnbärte, lange Haare streng nach hinten gekämmt und zum Zopf oder Dutt gebunden, am Fenster eine Frau mit Kleinkind, Kopf der Frau von Tuch bedeckt, Kleidung der beiden farbiger, Kind im Vordergrund in teuer wirkender Kleidung
Tätigkeiten: Zwei Männer sieben den Reis, ein Mann reinigt sein Sieb, ein Mann trägt neuen Reis hinzu, ein Mann im Hintergrund rührt oder lockert den Reis in einem Korb; ein großes Kind spielt mit den Hühnern, ein kleines Kind und seine Mutter schauen aus dem Fenster bei der Arbeit zu.

Seite 15

3 Bildaufbau:
Hintergrund: Hohe Schilfpflanzen und davor Häuser, ein Mann rührt in einem Korb mit Reis.
Mittelgrund: Links hinter einem Zaun ist Wasser, rechts sind Häuser. Aus einem Fenster blicken eine Frau und ein Kind.
Vordergrund: Drei Arbeiter sieben frisch geernteten Reis mithilfe von großen geflochtenen Sieben. Ein Kind spielt.

4 a
A hellbraun (Strohdach)
B hellbraun/weiß (Hofmauer)
C blaugrün (vordere Blätter der Pflanze)
D graublau/lichtgrau (Wasseroberfläche)
E sandfarben (Bodenfläche Dorfplatz)
F flaschengrün (Oberteil Junge)
G hellrot (Hose Junge)
H schwarzgrün (Blätter der Pflanze)
I weiß (Hausfassade)
J rot (Jacke Kleinkind)
K hellgelb (Oberteil Mann rechts)
L zartlila (Oberteil zweiter Mann von links)
M hellblau (Hose zweiter Mann von rechts)
N rot (Henne auf dem Korb)
O rotbraun (Hahn im Vordergrund)

b Das Bild ist vorwiegend in gedeckten Grün- und Brauntönen gehalten, lediglich die Farbtöne im Vordergrund, nämlich die der Kleidung des spielenden Jungen sowie des Gefieders der pickenden Hühner, fallen stärker ins Auge. Dadurch entsteht eine reizvolle Spannung zwischen Vorder- und Hintergrund, welche das Bild insgesamt natürlich und harmonisch wirken lässt.

5 Mögliche Bildbeschreibung:

Reisverarbeitung

Das fast quadratische, aus dem 19. Jahrhundert stammende chinesische Aquarell mit dem Titel „Reisverarbeitung" zeigt Reisbauern beim Sieben der Reisernte im Dorf.
Mehrere Häuser aus Stein oder Lehm, Holz und Bambus mit Schilfdächern nehmen den rechten und auch hinteren Teil des Bildes ein. Auf der linken Seite befindet sich hinter einem Zaun ein stehendes Gewässer, vermutlich ein See oder Teich. Im Bildhintergrund sieht man hohe Schilf- oder Bambuspflanzen.
Vier Männer mit leichter, weit geschnittener Kleidung und leichten Schuhen, Schnurrbärten, kleinen langen Kinnbärten und streng nach hinten gebundenen Haaren sind mit dem Sieben von Reis beschäftigt. Einer der Männer reinigt sein Sieb, ein anderer trägt neuen Reis hinzu, ein Mann im Hintergrund rührt oder lockert den Reis in seinem Korb. Am Fenster des vorderen Gebäudes sitzt eine Frau mit einem leuchtend blauen Kopftuch und einem gleichfarbigen Oberteil und sieht zusammen mit ihrem ebenfalls farbenfroh gekleideten kleinen Kind den Männern bei der Arbeit zu. Ein weiteres Kind in grünem Kittel und hellroter Hose spielt im Vordergrund mit drei Hühnern, die an einem der Körbe Reis picken.
Trotz der harten Arbeit, die die Männer leisten, wirkt die Szene heiter und beschaulich. Das Bild vermittelt somit den Eindruck einer geordneten und heilen Welt, in der jeder seinen Platz hat und zufrieden ist.

Schildern

Seite 16

1 a So könnten sich die Mädchen bei der Kanufahrt gefühlt haben:
Anfangs waren die Mädchen auf dem schwankenden Boot vielleicht gestresst, weil sie Angst haben mussten, zu kentern. In ihrem Bemühen, ihr Kanu kontrolliert vorwärtszubewegen, waren sie dann sicherlich eine Weile angestrengt. Als ihre Bemühungen anfingen Früchte zu tragen und das Boot gleichmäßig vorwärtsglitt, haben sie möglicherweise überrascht die Behaglichkeit des schwebenden Zustands auf dem Wasser wahrgenommen und sich mehr und mehr wohlgefühlt. Angesichts der sonnigen, natürlichen und friedlichen Umgebung haben sich die Mädchen dann treiben lassen – also immer mehr entspannt, um so die Fahrt ein klein wenig wie im Traum zu erleben, zumal die Sonne und damit auch das Wasser sie immer wieder blendete.

b Zur Stimmung passende Adjektive:
Anfang der Fahrt: unsicher, schwankend, schwindelig, schaukelnd, tief, kalt, ängstlich, vorsichtig, erschrocken, störrisch, ungehorsam, uneinig, mulmig, gestresst, angestrengt, angespannt, schwer, …

Im Verlauf der Fahrt: gleichmäßig, ruhig, glatt, wiegend, sanft, verlässlich, sicher, verwunschen, friedlich, gleitend, träumerisch, verträumt, versonnen, leicht, schwebend, sonnig, luftig, kühl, frisch, warm, lebendig, belebt, bewachsen, …

Seite 17

2 Im Text markierte sprachliche Bilder:
Vergleiche (rot): als lägen wir auf einem Wasserbett (Z. 2–3), wie ein störrischer Esel (Z. 10), wie drei Abenteurerinnen (Z. 18), wie bunte Hubschrauber (Z. 23)
Metaphern (grün): einen verwunschenen Wasserpfad (Z. 15)
Personifikationen (blau): das Sonnenlicht tanzt (Z. 1), hat das Boot zunächst bockig reagiert (Z. 9–10), unser Kanu hat uns … gehorcht (Z. 11–12), zur Havel gelangt, die uns … in ihre Arme nahm (Z. 16–17), strecken Wasseralgen ihre langen Finger nach uns aus (Z. 21–22)

3 a – 4 a Mögliche Fortsetzung der Schilderung:

Aber wieso kramt Monika jetzt ihre Jacke heraus? Sie behauptet zu frösteln, obwohl die Sonne hoch am Himmel steht. Tatsächlich kommt jetzt ein kühler Hauch über das Wasser und die eben noch spiegelglatte, blaue Wasseroberfläche ist nun trübe und rau. Auch der Himmel wird dunkler. Und gerade jetzt treibt unser Kanu mitten auf der hier recht breiten Havel. Als ich Monika bitte, uns möglichst schnell Richtung Ufer zu steuern, umfasst ein kalter Schauer meinen nackten Bauch. Die erste richtige Böe radiert das eben noch spöttische Grinsen aus Julias Gesicht, weil ihr heißgeliebtes Schmetterlings-Accessoire wie eine Libelle von ihrem Kopf ins Wasser gesaust ist. Julia und ich paddeln jetzt ohne ein Kommando von Monika wie zwei Galeerensklaveninnen. Das rettende Ufer scheint uns so unerreichbar wie der Mond. Und blass ist auch Monis Mondgesicht, die übrigens im Urlaub schon einmal seekrank war. Ich rufe ihr zu: „Wir schaffen das!“, damit sie sich keine Sorgen macht. Um sie abzulenken und meine eigene Angst zu unterdrücken, singe ich laut unseren Lieblingssong.

Als ich mich jetzt umdrehe, sehe ich hinter mir eine schwarze Wand über dem See aufragen. Plötzlich splittert der Himmel zu einem schwarzgrauen Puzzle und blendend weißes Licht tanzt über die angespannte Haut des Sees. Der folgende Donner prügelt mein Herz windelweich und ich halte kurz die Luft an. Von hinten kommen höhere Wellen und verschaffen dem Picknick in unseren Mägen eine ordentliche Achterbahnfahrt. Julia und ich paddeln wie Automaten und Monika sitzt stocksteif und bleich wie ein weißes Segel im Boot. Zum Glück schlingert unser Kanu nicht zur Seite, weil uns der Atem der Kaltfront buchstäblich im Nacken sitzt. Der uns einholende Regen sticht wie tausend Nadeln auf der Haut. Julia beißt die Zähne vor Anstrengung so fest auf die Lippen, dass ein roter Blutstropfen Farbe in unseren Schwarz-Weiß-Film bringt, während Monika wimmernd den Kopf hängen lässt. „Lächeln hilft gegen Seekrankheit“, schreie ich Moni zu. Da fällt mir das nasse Paddel fast aus der Hand, weil ich gegen eine Welle wie gegen eine Wand gestoßen bin. Aber nun ist das rettende Ufer nah, weil Julia und ich wie zwei Löwenmütter gekämpft haben, um unsere beste Freundin aus der Gefahr zu bringen. Als nun Schilfhalme in ihren Rücken stechen, stößt Moni zunächst einen kleinen Schreckensruf aus. Doch dann greift sie mit beiden Händen hektisch nach den raschelnden Pflanzen wie nach dem sprichwörtlichen Strohhalm und bringt unser Boot damit beinah noch zum Kentern. In dem Moment knirscht aber schon der Sand unter den Rumpf des Kanus und wir können aussteigen. Das Wasser ist seltsam warm an den nackten Füßen. Vor Erleichterung könnte ich gleichzeitig lachen und weinen. Als wir das Kanu ans Ufer ziehen, regnet es in Strömen. „Hoffentlich sind die Handys in den Taschen noch trocken, damit wir jemanden anrufen können“, denke ich.

Lesen Umgang mit Texten und Medien

Informationen entnehmen und vergleichen

Seite 18

1 Das könntest du über Parkour wissen: Hindernislauf ohne Hilfsmittel, kürzeste Strecke geradeaus, meist in der Stadt, akrobatische Fähigkeiten, gute Körperbeherrschung, Sprungkraft, James-Bond-Film (Casino Royale, 2006)

2 b Das Thema des Textes ist die Sportart Parkour.

Seite 20

3 a **Satellit:** Himmelskörper oder Flugkörper, der **einen Planeten (auf einer festen Bahn) umkreist.**
Der Mond ist ein Satellit der **Erde.**
Stadt: größere, geschlossene **Siedlung**
Satellitenstadt: Eine Satellitenstadt ist eine **größere Siedlung in der Nähe einer größeren Stadt (z. B. Märkisches Viertel in Berlin)**

b Mögliche schwer verständliche Wörter:
Schurke (Z. 3): jemand, der Böses tut | **Eleganz** (Z. 4): Gewandtheit, Vornehmheit | **Agent** (Z. 5 f.): Spion; Person, die im Geheimauftrag z. B. einer Regierung Aufträge ausführen soll | **Ihre Majestät** (Z. 6): hier: die Königin von England | **akrobatisch** (Z. 14 f.): körperlich besonders gewandt, geschickt; mit großer Körperkontrolle | **Skaten** (Z. 21): mit dem Skateboard fahren | **Stunt** (Z. 24): gefährliches, akrobatisches Kunststück (als Szene eines Films) | **Workshop** (Z. 38 f.): Kurs, in dem praktische Übungen durchgeführt werden | **Hansestadt** (Z. 39): hier: die Stadt Hamburg | **horizontal** (Z. 49): waagerecht | **vertikal** (Z. 50): senkrecht, gerade Linie von oben nach unten | **Balance** (Z. 72 f.): Gleichgewicht | **Variante** (Z. 80 f.): Abwandlung, leicht veränderte Art/Form von etwas

4 a **1. Sinnabschnitt:** Bond-Film, Sébastien Foucan, Miterfinder, neuen Sportart, Parkour, Hindernisse überwinden, akrobatische Form der Fortbewegung, französischen Satellitenstädte

b **2. Sinnabschnitt:** Trend, Jugendkultur, Spielfilmen, Stunt- und Akrobatikszenen, deutschen Großstädten Clubs und Gruppen |
3. Sinnabschnitt: hartes Training, Traceure, Grundlagen des Sports, Verletzungen vermeiden, Hamburger Schüler Richard, Parkourworkshop, typischen Parkour-Hindernissen, Grundideen von Parkour, Luftlinie, Laufgeschwindigkeit, Sprungenergie |
4. Sinnabschnitt: Profis, Basistechniken, Neueinsteiger, Landefläche präzise zu treffen, Balance |
5. Sinnabschnitt: Trainer Marc, Nebenbeschäftigung, Wettbewerben, Jugendmusicals, Zukunft, rosig

5 **1. Sinnabschnitt:** Ein spektakulärer Stunt | **2. Sinnabschnitt:** Neue Trendsportart | **3. Sinnabschnitt:** Schule für Traceure |
4. Sinnabschnitt: Präzise Landung auf der Linie | **5. Sinnabschnitt:** Bühnenreife Könner
Die Zwischenüberschriften „Ein Ausflug in die Vorstädte" und „Skater auf Spanplatten" passen nicht.

Seite 21

6 **Sinnabschnitt 1:** Ein spektakulärer Stunt: Bond-Film, Sébastien Foucan, Sportart, Hindernisse, akrobatische Form |
Sinnabschnitt 2: Neue Trendsportart: Jugendkultur, Trend, Spielfilme, Clubs und Gruppen in deutschen Großstädten |
Sinnabschnitt 3: Schule für Traceure: Workshops, umfangreiches Training, Grundlagen des Sports, Verletzungen vermeiden, Luftlinie, Laufgeschwindigkeit, Sprungenergie |
Sinnabschnitt 4: Präzise Landung auf der Linie: Basistechniken |
Sinnabschnitt 5: Bühnenreife Könner: Nebenbeschäftigung, Wettbewerbe, Jugendmusicals

7 a In dem Text „Neue Sportart Parkour – ein akrobatischer Hindernislauf" informiert Martine Conrad über die neue Trandsportart Parkour.

b Parkour ist eine neue Sportart. Sie wurde in Frankreich unter anderem von Sébastien Foucan entwickelt, der bereits in einer Actionszene in einem Bond-Film aufgetreten ist. Die Sportlerinnen und Sportler nehmen den kürzesten geraden Weg durch die Stadt und überwinden Hindernisse auf akrobatische Weise.

c Mögliche Zusammenfassung der Sinnabschnitte 2–5:

Es gibt inzwischen viele Filme und Videos, in denen Parkourszenen vorkommen. Die neue Sportart liegt bei Jugendlichen im Trend. Deshalb gibt es in deutschen Großstädten inzwischen Clubs und Gruppen dafür. Der Sport muss sorgfältig trainiert werden, um Verletzungen zu vermeiden. Vorgestellt wird ein Schüler, der an einem Workshop teilnimmt, bei dem die Grundlagen des Parkoursports vermittelt werden. Ziel ist, auf gerader Linie von A nach B zu gelangen. Zur Überwindung der Hindernisse muss man Laufgeschwindigkeit in Sprungenergie umwandeln. Die Parkourlehrer führen die grundlegenden Techniken vor und die Anfänger üben so lange, bis ihnen die einzelnen Sprünge nach und nach gelingen. Für Profis ist Parkour eine Nebenbeschäftigung. Sie nehmen an Wettbewerben teil oder treten auf der Bühne, z. B. in Musicals, auf.

Seite 22

1 a **1:** Mauersprung/Passe muraille | **2:** Katzensprung/Saut de chat | **3:** Durchbruch/Franchissement | **4:** Tic Tac

b Grafik 1 und die Tabelle informieren über Bewegungsabläufe beim Parkour und über deren Bezeichnungen.

2 a Die Grafik 2 zeigt eine Parkourstrecke auf einem Stadtplanausschnitt mit schematischen Gebäudegrundrissen.

b Die obere Linie zeigt die Luftlinienstrecke von einem Punkt A zu einem Punkt B. Die untere Linie zeigt das Höhenprofil / die Höhe der Hindernisse, die auf der Strecke zu überwinden sind.

Seite 23

3 b **A** bei den Mädchen | **B** bei Parkour

c Die Schule wird sich wohl für das Skaten entscheiden. Denn hier sind die Werte von Mädchen und Jungen gleichermaßen hoch und sie liegen eng beieinander.

4 **Grafik 1** und die **Tabelle** ergänzen die Textstelle Z. 51 bis Z. 65, weil hier einige Parkourtechniken genannt werden. Der Präzisionssprung wird genauer beschrieben. | **Grafik 2** ergänzt die Textstellen Z. 43 bis Z. 47 und Z. 11 bis Z. 14, weil hier von der gradlinigen Fortbewegung über Hindernisse hinweg die Rede ist. | Das **Balkendiagramm** ergänzt die Textstelle Z. 19 bis Z. 22, weil Parkour hier als besonders bei Jungen beliebte Trendsportart beschrieben wird.

Eine Inhaltsangabe schreiben

Seite 24

2 Möglicher Leseeindruck:
Die Sprache wirkt etwas altertümlich. Die Idee des Lehrlings, den Fremden notfalls mit dem Rasiermesser zu ermorden, ist furchtbar, aber auch erfolgversprechend.

Seite 25

3 a, b **Wo?** Das Geschehen findet in einem Wirtshaus in Segringen statt. | **Wann?** Die Geschichte spielt im Herbst 1808 („im vorigen Spätjahr" vor Erscheinen der Kalendergeschichte). | **Wer?** Beteiligt sind folgende Figuren: ein Fremder von der Armee mit einem starken Bart, der Wirt, der Barbier des Ortes, der Geselle des Barbiers, der Lehrjunge des Barbiers.

4 a, b Mögliche Zusammenfassung der Handlungsschritte 1–7:
1 (Z. 2–8): Ein Fremder mit Bart kommt ins Wirtshaus und verlangt vom Wirt einen Barbier.
2 (Z. 9–14): Der Fremde bietet dem Barbier sehr guten Lohn, droht aber, ihn bei einem Fehler zu erstechen.
3 (Z. 15–21): Barbier und Geselle lehnen nacheinander den Handel ab und schicken den Lehrjungen.
4 (Z. 21–26): Der Lehrjunge will sich das Geld verdienen und weiß, wie er sich notfalls wehren wird.
5 (Z. 27–36): Der Lehrjunge rasiert den Fremden erfolgreich (und dankt Gott).
6 (Z. 37–50): Der Fremde zahlt und fragt, woher der Lehrjunge den Mut habe. Der Lehrjunge erklärt, dass er seinen Kunden bei einem Fehler sofort die Kehle durchgeschnitten hätte, um nicht selbst erstochen zu werden.
7 (Z. 51–56): Der Fremde erschrickt und gibt dem Lehrjungen für diese Lehre auch noch Trinkgeld. (Er wird nie wieder einen Barbier derart bedrohen.)

5 Die Antwort **B** ist richtig.

Seite 26

6 Der Einleitungssatz B ist gelungen, weil die Angaben zu Titel, Autor, Textart und Entstehungszeit vollständig sind. Der Inhalt wird knapp und verständlich wiedergegeben.

7 Gestrichene Formulierungen (zu ausführlich oder unsachlich):
Die Geschichte spielt Anfang des 19. Jahrhunderts in ~~dem kleinen Ort~~ Segringen. Ein Mann~~, der sich ewig nicht rasiert hat,~~ kommt ins Wirtshaus. ~~Durch seinen starken Bart sieht er nicht gerade vertrauenserweckend aus. Großen Hunger scheint er nicht zu haben, denn~~ er bestellt nur einen Barbier, der ihn rasieren soll. Der kommt auch sofort und kriegt einen ~~riesigen~~ Schreck. Der furchterregende Mann droht nämlich, er würde den Barbier auf der Stelle totstechen, wenn er geschnitten wird. ~~Und das nur, weil er total kitzlig ist.~~

8 Textpassagen in indirekter Rede:
A Z. 5–8: Der Fremde fragt, ob der Wirt keinen Barbier am Ort kenne, der ihn rasieren könne.
B Z. 9–11: Zum Barbier sagt der Fremde, er solle ihm den Bart abnehmen, und merkt an, er habe eine kitzlige Haut.
C Z. 21–25: Geblendet von dem Geld denkt der Lehrjunge, er wolle es wagen. Wenn er den Kunden nicht schneide, so könne er sich für die vier Kronentaler einen neuen Rock und einen Schnepper kaufen.

9 Mögliche Inhaltsangabe:

(Einleitung) In der Kalendergeschichte „Der Barbierjunge von Segringen" von Johann Peter Hebel aus dem Jahr 1809 geht es um den Lehrjungen eines Barbiers, der durch sein furchtloses Verhalten einem gewaltbereiten Mann eine Lehre erteilt.
(Hauptteil) Die Geschichte spielt im Herbst des Jahres 1808 in dem Ort Segringen. Ein Fremder kommt ins Wirtshaus und fragt den Wirt, ob sie einen Barbier am Ort hätten, der ihn rasieren könne. Obwohl der Fremde einen hohen Lohn bietet, lehnen sowohl der Barbier als auch sein Geselle den Kunden nacheinander ab, denn dieser droht, denjenigen totzustechen, der ihn beim Rasieren verletzen sollte. Geblendet von dem vielen Geld, denkt der Lehrjunge des Barbiers, er wolle es wagen, denn wenn er den Kunden nicht schneide, so könne er sich für die vier Kronentaler einen neuen Rock und einen Schnepper kaufen. Außerdem hat er eine Idee, wie er sich retten kann, falls er den Fremden doch schneiden sollte. So gewappnet, rasiert er den Mann erfolgreich und bekommt das Geld. Der Fremde fragt ihn, woher er denn den Mut genommen hätte. Der Lehrjunge erklärt daraufhin, dass er seinem Kunden im Falle eines Fehlers sofort die Kehle durchgeschnitten hätte, um nicht selbst erstochen zu werden. Der Fremde erschrickt und gibt dem Lehrjungen für die ihm erteilte Lehre sogar noch ein Trinkgeld. Am Ende wird erwähnt, dass der Fremde nie wieder einen Barbier auf diese Weise bedroht hat.
(Wiedergabe der Lehre in eigenen Worten) Johann Peter Hebel möchte mit der Kalendergeschichte zeigen, was demjenigen passiert, der andere Menschen bedroht. Früher oder später trifft so jemand auf einen Menschen, der es in Sachen Rücksichts- und Gnadenlosigkeit mit ihm aufnehmen kann. Und wenn dabei – wie in diesem Fall – kein Unglück passiert, können die Beteiligten daraus lernen und in Zukunft darauf verzichten, sich gegenseitig zu bedrohen.

Grammatik

Was kannst du schon?

Seiten 27–28

1 **A** Unser 7 – Klassenausflug 1 – in 5 – den 2 – Freizeitpark 1 – hat 4 – großen 3 – Spaß 1 – gemacht 4. *2 Punkte*
B Dieses 8 – Erlebnis 1 – werde 4 – ich 6 – immer 9 – in 5 – Erinnerung 1 – behalten 4.

2 Nomen: dunkel = Dunkelheit – spannend = Spannung *4 Punkte*
Mögliche Adjektive: Wunder = wunderbar, (ver)wunderlich, wundersam – Angst = ängstlich

3 **A** er hatte gespielt – er spielte – er hat gespielt – er wird spielen *8 Punkte*
B er war gefahren – er fuhr – er ist gefahren – er wird fahren

4 Mögliche Wortbildungen mit Präfixen: entfallen – zerfallen – gefallen – befallen – missfallen *4 Punkte*

5 **A** Aktiv | **B** Passiv | **C** Passiv | **D** Aktiv *4 Punkte*

6 a, b **A** Achterbahnen (Subjekt) / gehören (Prädikat) / in Freizeitparks (adv. Best. des Ortes) / zu den beliebtesten Attraktionen (Präpositionalobjekt). *3 Punkte*
B Sehr schnelle Bahnen (Subjekt) / bereiten (Prädikat) / den Fahrgästen (Dativobjekt) / meistens (adv. Best. der Zeit) / besonders großen Spaß (Akkusativobjekt).
C Wegen der Loopings (adv. Best. des Grundes) / leiden (Prädikat) / manche Fahrgäste (Subjekt) / danach (adv. Best. der Zeit) / unter Übelkeit (Präpositionalobjekt).

7 a **A** Eine besondere Achterbahn, die Kingda Ka, wurde 2005 gebaut. (Adjektivattribut, Apposition) *3 Punkte*

B Es handelt sich um die schnellste Achterbahn der Welt. (Adjektivattribut, Genitivattribut)

C Sie steht im neuesten Freizeitpark von New Jersey. (Adjektivattribut, präpositionales Attribut)

8 A + b (Satzgefüge) | B + d (Satzreihe) | C + c (Satzgefüge) | D + a (Satzgefüge) *4 Punkte*

9 Die Show hat mir großen Spaß gemacht, weil der Feuertanz beeindruckend war. *1 Punkt*

Wortarten

Seite 29

1 **A** Nomen | **B** Pronomen | **C** Artikel | **D** Adjektiv | **E** Verb | **F** Konjunktion | **G** Adverb | **H** Präposition

Seite 30

1 a, b 6 Personalpronomen, 7 Possessivpronomen
Miraculix ist der Druide des Dorfes, in dem Asterix und Obelix leben. Als Ausdruck seiner Weisheit trägt er einen langen weißen Bart, den er im Laufe der Zeit immer länger wachsen lässt. Seine Kleidung besteht aus einem weißen Gewand und einem roten Umhang, an seinen Füßen trägt er blaue Schuhe.
Seinem Häuptling Majestix gegenüber ist Miraculix sehr loyal, obwohl er klüger ist als Majestix. Bei den Dorfbewohnern genießt Miraculix ein höheres Ansehen als sein Häuptling. Sie bewundern ihn wegen seiner Klugheit und seines Wissens.

2 a, b Miraculix schneidet mit seiner goldenen Sichel Misteln. Aus diesen Pflanzen und aus anderen geheimen Zutaten braut er einen Zaubertrank. **Der** verleiht den Dorfbewohnern übermenschliche Kräfte. Mit denen können diese sich gegen ihre gefährlichsten Gegner, die Römer, behaupten und jene vernichtend schlagen. Der Druide besitzt aber noch weitere Zaubermittel. Zu **diesen** gehören z. B. ein stark wirkendes Haarwuchsmittel oder eine Flüssigkeit, die aus Eicheln sekundenschnell Bäume wachsen lässt. Mit solchen Gebräuen macht er den Römern das Leben schwer. Bei den Jahrestreffen der Druiden, wo **derjenige** einen Preis bekommt, der am besten zaubern kann, geht Miraculix regelmäßig als Sieger heim.

3 Mögliche Demonstrativpronomen:
Miraculix erklärt: „Wenn ich **diesen** Mistelzweig mit **diesem/jenem** geheimen Kraut, **diesen/jenen** speziellen Pflanzen und **diesen/jenen** seltenen Wurzeln mische, erhalte ich meinen Zaubertrank. **Dieser/Der** darf aber nicht Obelix in die Hände fallen, weil **dieser/der/jener** als kleines Kind in den Zaubertrank gefallen ist."

Seite 31

1 Adverbien des Ortes, … der Zeit, … *der Art und Weise*, … **des Grundes**
Der Zauberer Gandalf ist eine wichtige Figur in den Romanen „Der kleine Hobbit" und „Der Herr der Ringe" von J. R. R. Tolkien. Anfangs trägt er einen langen Bart und graue Haare, die später weiß sind. Er führt stets einen Zauberstab bei sich, der, flüchtig betrachtet, wie ein ganz normaler Wanderstab wirkt. Er besitzt *zusätzlich* das berühmte Schwert Glamdring. Sein Pferd Schattenfell trägt den Zauberer ohne Zaumzeug und Sattel jederzeit überallhin. **Darum** ist Schattenfell sein wichtigster Begleiter. Gandalf nimmt manchmal im Auenland an den Festen der Hobbits teil. Dort inszeniert er spektakuläre Feuerwerke. **Deswegen** laden die Hobbits ihn immer gern ein.

2 Mögliche Verwendung der angebotenen Adverbien:
Gandalf und der Hobbit Bilbo Beutlin begeben sich mit 13 Zwergen auf eine abenteuerliche Reise. **Dabei** wollen sie gestohlenes Zwergengold finden. **Irgendwann** trifft Bilbo auf den finsteren Gollum, den er **glücklicherweise** bei einem Rätselspiel besiegt. **Unversehens** fällt ihm Gollums Schatz, der Ring der Macht, in die Hände. Dieser Ring macht unsichtbar und hilft ihm **sehr** beim Kampf gegen den bösen Drachen, der das Zwergengold bewacht.
Später gibt Bilbo den Ring an Frodo weiter. **Allerdings** erkennt Gandalf, dass es sich bei dem Ring um den Ring Saurons handelt, den sie **keinesfalls** behalten sollten. **Darum** macht er sich gemeinsam mit Frodo und seinen Gefährten auf den Weg, um den Ring nach Mordor zu tragen und ihn **dort** zu zerstören, bevor er Unheil anrichtet.

Das Verb Die Tempora (Zeitformen)

Seite 32

1 a, b steht (A: 1) | ist (B: 1) | wirft, durchschlägt, befindet, bringt (C: 1) | jubelt (D: 1) | zeigen (E: 2) | ist (F: 2) | betreiben, einsetzen (G: 2) | konzentriert (H: 2) | erklärt (I: 1) | tritt … auf, zeigen (J: 3)

2 **A** In welchen Ländern **werden** Sie noch **auftreten**? | **B** Wann **werden** Sie wieder in Ihr Shaolin-Kloster **zurückkehren**? | **C** Welche Eindrücke **werden** Sie von Deutschland **mitnehmen**? | **D** **Wird** es neue Projekte **geben**?

Seite 33

1 **A** Hallo, Max! Wie ist es dir in der letzten Woche ergangen? | **B** Du wirkst mager. Bist du nicht immer satt geworden? | **C** Erzähle, hast du etwas Spannendes erlebt? | **D** Hast du dich bei deinem Ausflug gestern nicht verlaufen? | **E** Sind die Lehrer diesmal netter zu dir gewesen?

2 […] Stell dir vor, ich **habe** gestern das chinesische Neujahrsfest **besucht**. Wir **sind** alle bei den Xuns **gewesen**. Die **haben** vorher das Haus gründlich **geputzt**, damit an den Festtagen alles sauber ist. Vater Xun **hat** ein Bild des Küchengotts **verbrannt**. Der soll nun zum Himmel aufsteigen, um dort über die Familie zu berichten. Damit er nicht zu viel Schlechtes erzählt, **hat** Mutter Xun süßen Kuchen **gebacken** und ihm damit sozusagen den Mund **verschlossen**. Wir **haben** zusammen ein leckeres Fischgericht **gegessen**. Fisch steht für Reichtum im neuen Jahr. Nach dem Essen **haben** wir alle rote Kuverts mit etwas Geld **bekommen**. Anschließend **sind** wir mit Xuns nach draußen **gegangen**, um Böller und Knallkörper zu zünden. Mit dem Lärm **haben** wir den bösen Geistern Angst **gemacht** und sie **vertrieben** […]

3 Max hört seine Mutter rufen: „Max, du hast doch gestern gesagt, dass du die Glasnudeln besorgst. Hast du jetzt Zeit?" Er antwortet: „Ich habe das Gespräch mit Großmutter schon beendet, ich schaue noch schnell Fotos am PC vom Neujahrsfest an. Wenn ich die zehn lustigsten Fotos ausgewählt habe, maile ich sie noch an meine deutschen Freunde. Tim hat mir letztens Fotos von seinem Geburtstag geschickt. Ich habe mich noch gar nicht dafür bedankt, das will ich auch noch machen. Und dann gehe ich einkaufen."

Seite 34

1 Er befreite sich aus vernagelten Kisten, schluckte Nadeln, ließ 1918 mitten auf dem Times Square einen Elefanten spurlos verschwinden und behauptete, sich aus jeder Fessel befreien zu können. Seine Tricks machten Harry Houdini zum ersten Superstar Amerikas. Schon damals galt seine Selbstbefreiung aus einer Zwangsjacke, während er kopfüber an einem Kran hing, als spektakulär. Zehntausende Zuschauer kamen und sahen, wie sich Houdini in weniger als fünf Minuten entfesselte. „Das Publikum schrie und jubelte", schrieb damals ein Reporter der Washington Times.

2 **regelmäßige Verben:** verzauberte – verzaubern; befreite – befreien; schluckte – schlucken; behauptete – behaupten; machten – machen; entfesselte – entfesseln; jubelte – jubeln | **unregelmäßige Verben:** ließ – lassen; galt – gelten; hing – hängen; kamen – kommen; sahen – sehen; schrie – schreien; schrieb – schreiben

3 Mit 17 beschloss ich, Zauberkünstler zu werden. Ich trainierte meinen Körper, lernte Münzen- und Kartentricks und übte in der Badewanne das Luftanhalten. Nach einigen kleinen Auftritten gelang mir 1899 der Durchbruch: Als „König der Handschellen" stürzte ich mich gefesselt von Brücken und befreite mich aus Kisten und Särgen. Bis zu 40 000 Zuschauer versammelten sich bei meinen Auftritten und genossen das Spektakel. Später bekam ich sogar eine eigene Show.

4 **A** Nachdem Houdini in Handschellen und Ketten von einer Brücke gesprungen war, wurde er zum Superhelden.
B Nachdem Polizisten ihn in eine Gefängniszelle gesperrt hatten, lief er kurze Zeit später wieder frei herum.

Seite 35

1 a Ein Handlungsträger ist in den Sätzen A, C und D genannt.

b A = Magier | C = Profis | D = Anfänger

c Die angekreuzten Sätze stehen im **Aktiv**.

2 Akkusativobjekte, die im Passivsatz zum Subjekt geworden sind:

1 Die Seilenden werden in der rechten und linken Hand jeweils zwischen Daumen und Zeigefinger gehalten.
2 Als Erstes wird die rechte Hand nach links geführt.
3 Dann wird das Seil über den linken Unterarm gelegt.
4 Danach wird die rechte Hand weiter hinter die linke Hand bewegt.
5 Anschließend wird die rechte Hand nach unten an der zuvor gebildeten Schlinge vorbeigeführt.
6 Nun wird das Seilende der rechten Hand in die linke „Kammer" gesteckt.
7 Das Seilende der rechten Hand wird anschließend von hinten durch die rechte „Kammer" geführt.
8 Die Hände werden auseinanderbewegt.
9 Die beiden Seilschlingen werden über die Handgelenke fallen gelassen.
10 Gleichzeitig werden die Hände heimlich umgewendet.
11 Dabei wird das rechte Seilende unbemerkt losgelassen und das Seil an einer vorher markierten Stelle ergriffen.
12 Durch das verdeckte Umgreifen wird ein Knoten im Seil erzeugt.

Seite 36

3 b Handlungsträger:
Flughafenchef Andy Fly: Gestern habe ich die Polizei wegen eines ungewöhnlichen Diebstahls gerufen. Irgendein Verrückter hat die Zauberkiste des Magiers Bernini gestohlen. | **Maria Fantastic:** Meine beste Freundin betet den Meister förmlich an! Darum habe ich ihn angesprochen und um ein Autogramm gebeten. Für einen kurzen Augenblick ließ Bernini deshalb seine Zauberkiste aus den Augen. | **Bernini:** So ein Ärger! Ich habe meinen größten Konkurrenten in Verdacht! Monsieur Miro neidet mir meinen Erfolg: Ganz bestimmt hat er den Diebstahl in Auftrag gegeben. | **Rosa Reisewütig:** Ich habe zwei Männer in schwarzen Anzügen beobachtet. Sie trugen eine große Kiste, die wie ein Sarg aussah, aus dem Flugzeug und luden sie in einen weißen Transporter, auf dessen Seitentür auffällig in violetten Großbuchstaben „MM" stand. | **Polizist:** Wir suchen den Dieb. Darum bitten wir die Reisenden und die Mitarbeiter des Flughafens um sachdienliche Hinweise.

4 Möglicher Zeitungsartikel:

Berninis berühmte Zaubershow gefährdet – Polizei bittet um Hinweise

Gestern wurde die Polizei wegen eines ungewöhnlichen Diebstahls zum Flughafen gerufen. Die Zauberkiste des Magiers Bernini war gestohlen worden. Der berühmte Magier war angesprochen und um ein Autogramm gebeten worden. Die Zauberkiste wurde dabei aus den Augen gelassen. Der Diebstahl war bestimmt in Auftrag gegeben worden. Laut Zeugenaussagen wurden zwei Männer in schwarzen Anzügen beobachtet. Zudem wurde eine große Kiste aus dem Flugzeug getragen und in einen weißen Transporter geladen, auf dessen Seitentür auffällig in violetten Großbuchstaben „MM" stand. Der Dieb wird gesucht. Darum werden die Reisenden und die Mitarbeiter des Flughafens um sachdienliche Hinweise gebeten.

5 Möglicher Zeitungsartikel:

Dumme Diebe – Bernini überglücklich

Im Laufe des Abends wurden der Polizei gestern noch viele Hinweise zum Flughafendiebstahl gegeben. Die große Kiste, die von Rosa Reisewütig während der Verladung in den Transporter beobachtet worden war, war ein Sarg, nicht die Zauberkiste des Magiers Bernini. Als entscheidend wird die Zeugenaussage eines Fluglotsen eingeschätzt: Vom Tower aus wurden drei äußerst auffällige Gestalten in rot-weiß gestreifter Kleidung beobachtet. Von einem besonders frechen Dieb wurde die Zauberkiste direkt vom Gepäckband gezogen. Da die Räuber nicht beim Verlassen des Flughafens beobachtet worden waren, mussten sie noch dort zu finden sein. Mit vereinten Anstrengungen und vielen Suchhunden waren sie schnell aufgespürt. Sie hatten Pech gehabt und waren in einer Toilettenanlage eingeschlossen worden. Zu dumm – aber gut für Bernini! Der berühmte Magier freute sich sehr, seine Show wird wie geplant heute Abend im Palast aufgeführt.

Seite 37

6 a–c **A** hatte … verteilt; Zeitform: Plusquamperfekt; Passiv: Flyer für die Vorstellung waren (vom Zirkusclown) in der Stadt verteilt worden. | **B** zeigte; Zeitform: Präteritum; Passiv: Mehrere Tricks wurden (vom Zauberkünstler) gezeigt. | **C** hat … angekündigt; Zeitform: Perfekt; Passiv: Die Nummern sind (von der Assistentin) angekündigt worden. | **D** wird … anbieten; Zeitform: Futur I; Passiv: Nächstes Jahr wird ein neues Programm (vom Zirkus) angeboten werden.

7 a Die gewählte Ersatzform für das Passiv ist die **Imperativ-Form**.

b Formulierung mit **„sein" + Infinitiv mit „zu"**:
Es ist eine siebenstellige Nummer zu notieren. Ein Taschenrechner ist zur Hand zu nehmen. Die ersten drei Ziffern der Nummer sind einzutippen. … etc.
Formulierung in der **man-Form:**
Man notiert eine siebenstellige Nummer. Man nimmt einen Taschenrechner zur Hand. Man tippt die ersten drei Ziffern seiner Nummer ein. … etc.

Seite 38

1 Indikativ, Konjunktiv I
Julia erzählt Tim, dass sie zum Geburtstag einen Zauberkasten bekommen habe. Der Kasten enthalte Spielkarten, Münzen und einen magischen Würfel. Ein Zauberstab und ein Zauberbuch seien natürlich auch dabei. Sie schauen sich den Kasten an, worauf steht, damit lerne man das Zaubern im Handumdrehen. Tim und Julia entscheiden sich für die spannendste Herausforderung. Sie wollen Münzen auf magische Art und Weise vermehren und damit reich werden. Beim Blick ins Zauberbuch sind sie aber enttäuscht. Darin steht, dass es sich dabei nur um einen Zaubertrick handele, mit dem man das Publikum täuschen könne. Die Anzahl der Münzen verändere sich in Wirklichkeit nicht.

2 **A** Wenn ein Zauberer mir **anböte**, mir einen Wunsch zu erfüllen, **bäte** ich ihn, mich unsichtbar machen zu können. | **B** Dann **müsste** ich im Kino keinen Eintritt zahlen, **führe** kostenlos mit Bus und Bahn und **flöge** ohne Ticket im Flugzeug. | **C** Außerdem **könnte** ich andere heimlich belauschen und ihnen lustige Streiche spielen. | **D** Aber: Was **sähen** die Leute auf meinem Passbild? | **E** Wie **würden** meine Freunde mich **erkennen**? | **F** **Würden** andere Fußgänger mich nicht ganz schnell versehentlich **überrennen**?

Seite 39

3 a–d Konjunktiv I, Konjunktiv II, *Ersatzform mit „würde"*, **einleitende Hauptsätze**
Der berühmte Zauberer ChrisMagic erklärt im Interview, dass sein Interesse für Zauberei schon in seiner Kindheit angefangen habe. **Er erinnert sich**, dass er acht Jahre alt gewesen sei, als er im Fernsehen eine Sendung über Zauberkünstler gesehen habe. Später habe er sich dann einen Zauberkasten gekauft. Heute gehe er in spezielle Geschäfte, wo er professionelle Zaubertricks kaufe, **erzählt ChrisMagic weiter**. Außerdem hätten nette Kollegen ihm viel über Zauberei beigebracht. **Als er gefragt wird**, ob man allein von der Zauberkunst leben könne, **antwortet ChrisMagic**, dass dies zwar möglich sei, dass viele seiner Kollegen aber nicht hauptberuflich als Zauberer *arbeiten würden*.

4 Der Konjunktiv II musste gewählt werden, weil der Konjunktiv I (haben) sich nicht vom Indikativ Präsens unterscheidet.
Die Ersatzform mit „würde" musste gewählt werden, weil der Konjunktiv II (arbeiteten) formgleich mit dem Indikativ Präteritum ist.

5 **A** ChrisMagic erklärt, sein Showprogramm **sei** einfach für alle interessant.
B Er erwähnt, dass er mittlerweile vornehmlich für Firmenkunden auf Messen und Firmenfeiern **arbeite**.
C Er **betreue** jedoch auch sehr gern noch schöne Privatveranstaltungen wie Hochzeiten oder Geburtstage, erzählt er weiter.

Texte überarbeiten

Seite 40

1 a–c Schon die alten Griechen beherrschten die Kunst des Taschenspiels, benannt nach der Tasche, in der die Gaukler ihren **(ihre)** Requisiten aufbewahrten. Mit ihre **(ihren)** Tricks wollten die Zauberer ihre **(ihr)** Publikum belustigen und unterhalten. Viele Zaubertricks wurden aber auch von Kriminellen erfunden. Falschspieler und Taschendiebe bereicherten sich mithilfe ihren **(ihrer)** Fingerfertigkeit unrechtmäßig. Im 16. Jahrhundert veröffentlichte Reginald Scot seine **(sein)** Buch „The Discoverie of Witchcraft". Der Autor wollte die Menschen mit sein **(seinem)** Werk über verschiedene Zaubertricks von Taschenspielern und Gauklern aufklären und ihnen zeigen, dass es sich bei deren Zaubereien nicht um Teufelswerk, sondern um natürliche Täuschungen handelte.

2 a–c Im 18. Jahrhundert wurde Zauberei zunehmend salonfähig, sodass viele Könige Hofnarren engagierten. Diesen **(Diese)** sollten solchen **(solche)** Zaubertricks vorführen, die verblüfften und zur Unterhaltung des Königs und seiner Gäste beitrugen. Im 19. Jahrhundert waren dann jener **(jene)** Zauberer besonders erfolgreich, die ganz besondere Tricks beherrschten. Man stellte fest, dass schwarze Gegenstände vor einem schwarzen Hintergrund nur schwer wahrzunehmen sind und entwickelte auf Grundlage diese **(dieser)** Erkenntnis das sogenannte „schwarze Kabinett". Der berühmte Zauberer Harry Houdini erfand verschiedene Entfesselungstricks. Dieser **(Diese)** machten ihn weltberühmt. Das Haus „El Rei De La Magia" in Barcelona ist bis heute nicht nur bei Fachleuten berühmt: An diese **(diesem)** Ort stellt man bereits seit 1881 Zauberzubehör und -geräte her und bietet seither auch Unterricht im Zaubern an.

Seite 41

1 Richtig ist die Aussage B, falsch sind A und C.

2 a […] Wie es dazu kam, berichtet der Deutschlehrer Herr Tanner, der die AG leitet: „Ich selbst zaubere **(er zaubere)** schon seit meinem Studium. Manchmal zeige ich **(er zeige)** meinen Schülern am Stundenende einen meiner Tricks. Eines Tages haben mich die Schüler zur Gründung einer Zauber-AG überredet **(sie hätten … überredet)**."
Während der Show ließen die Zuschauer sich von Karten- und Seiltricks beeindrucken. „Besonders genial ist **(sei)** der Trick von Tim", schwärmte der Schulleiter, „er kann **(er könne …)** einen Geldschein verschwinden lassen und ihn wieder herbeizaubern."
[…] Am Ende der Show verriet sie den Trick: „Für jede Zahl habe ich **(habe sie)** eine eigene Tasche. Sagt **(sage)** der Zuschauer also ‚zwei', fordere ich **(fordere sie)** ihn auf, in die linke Hosentasche zu greifen, sagt er **(sage er)** ‚drei', ist **(sei)** es die rechte Jackentasche und so weiter."
Aber wie haben die Schüler all diese spektakulären Tricks gelernt? Jonas erklärte am Ende der Show: „Meistens lernen wir **(würden sie lernen)** die Zaubertricks mit Videos aus dem Internet. Wir müssen dann lange vor dem Spiegel üben **(sie müssten üben)**, bis sie reibungslos funktionieren **(sie würden funktionieren)**."

b Mögliche Umformungen in indirekte Rede mit angepassten Personalpronomen:
(Z. 2–5) Herr Tanner erklärte, er zaubere schon seit seinem Studium. Manchmal zeige er seinen Schülern am Stundenende einen seiner Tricks. Eines Tages hätten ihn die Schüler zur Gründung einer Zauber-AG überredet.
(Z. 7–8) Der Schulleiter schwärmte, besonders genial sei der Trick von Tim. Er könne einen Geldschein verschwinden lassen und ihn wieder herbeizaubern.
(Z. 12–14) Sie verriet, sie habe für jede Zahl eine eigene Tasche. Sage der Zuschauer also „zwei", fordere sie ihn auf, in ihre linke Hosentasche zu greifen, sage er „drei", sei es die rechte Jackentasche und so weiter.
(Z. 16–17) Jonas erklärte, sie würden die Zaubertricks meistens mit Videos aus dem Internet lernen. Sie müssten dann lange vor dem Spiegel üben, bis sie (die Tricks) reibungslos funktionieren würden.

Seite 42

1 b Mögliche Stichworte:
noch frische Liebesbeziehung, Erziehung, Geschenke, räumliche Trennung, Ausland, Reichtum, Wunsch nach gemeinsamem Leben

2 Gleiche und sehr ähnliche Wörter:

Ich zoch mir einen valken	Ich zog mir einen Falken
mere danne ein jar.	länger als ein Jahr.
do ich in gezamete	Als ich ihn gezähmt,
als ich in wolte han	wie ich ihn haben wollte,
und ich im sin gevidere	und sein Gefieder
mit golde wol bewant,	mit Gold geschmückt hatte
er huop sich uf vil hohe	hob er sich hoch auf
und floug in anderiu lant.	und flog in davon.
Sit sach ich den valken	Seither sah ich den Falken
schone fliegen:	schön fliegen:
er fuorte an sinem fuoze	Er führte an seinem Fuß,
sidine riemen,	seidene Fesseln
und was im sin gevidere	und sein Gefieder
alrot guldin.	war ganz rotgolden.
got sende si zesamene	Gott sende sie zusammen,
die gerne geliep wellen sin!	die einander gerne liebhaben wollen.

3 Besonderheiten der Schreibweise des Mittelhochdeutschen:
kein h nach langem Vokal (in = ihn, im = ihm), keine Großschreibung von Nomen, es gibt die Vokalkombinationen „uo" und „ou"

Seite 43

1 Frühneuhochdeutsche und neuhochdeutsche Luther-Bibel im Vergleich:
Großschreibung: 1534 werden nur Namen und wichtige Berufe (Keiser, Landpfleger) großgeschrieben. Andere Nomen werden kleingeschrieben. Dafür wird das Adjektiv „Jüdische" großgeschrieben.
Kommasetzung: 1534 gibt es Schrägstriche anstelle von Kommas.
s-Laute: 1534 wird das heutige „s" nur am Wortende geschrieben. Am Wortanfang und in der Mitte wird dagegen „ſ" geschrieben.

2 Unterschiede in der Wortwahl (Text I – Text III):
Text I und Text II unterscheiden sich nicht in der Wortwahl, obwohl fast 400 Jahre dazwischen liegen. In Text III (60 Jahre nach Text II) werden teilweise modernere oder genauere Begriffe verwendet (Verordnung = Gebot, Statthalter = Landpfleger, Römisches Reich = Welt).

3 Text IV: Gegenwartssprache (2013)
Zu dieser Zeit ließ Kaiser Augustus eine Volkszählung im Römischen Reich durchführen. Es war die erste Volkszählung während der Amtszeit des Statthalters Quirinius in Syrien. Deshalb fuhren oder gingen alle Menschen in ihre Heimatorte, um sich in die Listen eintragen zu lassen. Zu diesen Menschen gehörte auch Joseph von Galiläa. Da er aus dem Hause Davids stammte, reiste Joseph für die Volkszählung mit seiner jungen, schwangeren Frau Maria nach Betlehem; denn Betlehem war ursprünglich die Stadt des Königs David.

Teste dein Wissen! Wortarten und rund ums Verb

Seite 44

1 Zu beugende Wortarten sind: Verb, Artikel, Pronomen, Adjektiv, Nomen. *5 Punkte*

2 **A** (ich) habe geschrieben – (ich) schrieb – (ich) hatte geschrieben *3 Punkte*
B (du) hast gelesen – (du) lasest – (du) hattest gelesen
C (wir) haben verloren – (wir) verloren – (wir) hatten verloren (für jede Zeile 1 Punkt)

3 Aktiv: A, D, E (Futur) | Passiv: B, C *5 Punkte*

4 **A** (er) wird gesucht | **B** (er) wird suchen | **C** (er) ist gesucht worden | **D** (er) suchte | *5 Punkte*
E (er) war gesucht worden

Insgesamt zu erreichende Punktzahl: 18 Punkte

Satzglieder unterscheiden

Seite 45

1 **A** Subjekt | **B** Prädikat | **C** Objekte | **D** adverbiale Bestimmungen

Seite 46

2 b **A** Satz 1: man, Satz 2: der Kaffeesatz, Satz 3: Melitta Benz (Wer oder was …? = Subjekt)
B Satz 4 enthält ein Akkusativobjekt. (Wen oder was durchlöcherte sie? den Boden eines Messingtopfes)
C Satz 5 enthält ein Präpositionalobjekt. (Wonach suchte sie? nach einem möglichst wasserdurchlässigen Papier)
D Satz 6 enthält vier Satzglieder. (Im Schulheft ihres Sohnes / fand / sie / das geeignete Löschpapier.)
E Satz 7 enthält ein Akkusativ- und ein Dativobjekt. (Wen oder was bot sie ihrem Mann an? den gefilterten Kaffee = Akkusativobjekt; Wem bot sie den gefilterten Kaffee an? ihrem Mann = Dativobjekt)
F Satz 8 endet mit einem Genitivobjekt. (Wessen erfreut sich der Melitta-Filter? großer Beliebtheit)

3 zweifeln an | forschen nach | sich begnügen mit | flüchten vor

4 Präpositionalobjekte:
… interessieren sich für neue Erfindungen. … zweifelte an der Ehrlichkeit seiner Freunde. … auf eine sehr sonderbare kleine Maschine gestoßen war, … er wollte erfahren, über welches Thema seine Freunde sprachen. … wartete gespannt auf den befürchteten Verrat. Seine Freunde allerdings lachten laut über ihn!

Seite 47–48

1 b Im Winter 1903 (adv. Best. der Zeit) beobachtete … in New York (adv. Best. des Ortes) den Verkehr. Bei Schnee und Regen (adv. Best. der Art und Weise) … der ersten Automobile wegen der schlechten Sicht (adv. Best. des Grundes) stoppen, aussteigen und von Hand (adv. Best. der Art und Weise) die Windschutzscheibe säubern. … konnte Mary Anderson problemlos (adv. Best. der Art und Weise) abschaffen. Sie …, der im Wageninneren (adv. Best. des Ortes) mechanisch (adv. Best. der Art und Weise) in Bewegung gesetzt wird … Auf Grund ihrer Erfindung (adv. Best. des Grundes) konnte die geschickte Konstrukteurin im November 1903 (adv. Best. der Zeit) ein Patent anmelden. Das praktische Bauteil ist heute (adv. Best. der Zeit) in jedem Auto (adv. Best. des Ortes) Standard.

2 a adv. Best. **der Zeit**: in den Jahren 1913/14, vor ihrer Erfindung | adv. Best. **des Ortes**: an einer Sollbruchstelle |
adv. Best. **der Art und Weise**: zuverlässig, exakt gefaltet | adv. Best. **des Grundes**: auf Grund vieler eigener Testflüge

b **In den Jahren 1913/14** erfand Katharina Paulus etwas, was nach ihr vielen Menschen das Leben retten sollte: das Fallschirmpaket. **Vor ihrer Erfindung** waren Fallschirme sperrige und schwere Tücher, die sich nicht **zuverlässig** öffneten. K. Paulus verpackte den Fallschirm **exakt gefaltet** in einen kleinen Sack, eine kleine Reißleine öffnete den Sack **an einer Sollbruchstelle**, sodass er sich entfaltete. **Auf Grund vieler eigener Testflüge** konnte sie ihre Erfindung weiter verbessern.

3 Mögliche erweiterte Sätze:

A Jede kluge Erfinderin / jeder kluge Erfinder tüftelt aus grenzenloser Neugier (adv. Best. des Grundes) in jeder freien Minute (adv. Best. der Zeit) hoch konzentriert (adv. Best. der Art und Weise) in ihrem / seinem Labor (adv. Best. des Ortes).

B In solchen Laboren (adv. Best. des Ortes) entstehen mit viel Fantasie (adv. Best. der Art und Weise) und durch manchmal unerwartete Geistesblitze (adv. Best. des Grundes) über Nacht (adv. Best. der Zeit) Erfindungen.

C Ich möchte aus reiner Freude an Neuem (adv. Best. des Grundes) manchmal (adv. Best. der Zeit) in meinem Zimmer (adv. Best. des Ortes) selbst gern (adv. Best. der Art und Weise) etwas Tolles erfinden.

Seite 49

1 a, b Mögliche Satzumstellungen :

A Margarete Steiff nähte 1903 ein neuartiges Spielzeug zum Schmusen.

B Der pelzige Teddybär | ist | bis heute | eine Freude der Kinder.
Eine Freude der Kinder ist der pelzige Teddybär bis heute.
Bis heute ist der pelzige Teddybär eine Freude der Kinder.

C Josephine Cochran, eine Amerikanerin, | erfand | 1886 | einen hilfreichen Automaten für die Küche.
1886 erfand Josephine Cochran, eine Amerikanerin, einen hilfreichen Automaten für die Küche.
Einen hilfreichen Automaten für die Küche erfand Josephine Cochran, eine Amerikanerin, 1886.
Einen hilfreichen Automaten für die Küche erfand 1886 Josephine Cochran, eine Amerikanerin.

D Der Geschirrspülautomat mit Motor | ersetzte | mühsames Spülen von Hand.
Mühsames Spülen von Hand ersetzte der Geschirrspülautomat mit Motor.

E Windelnwechseln ohne Mühe | verdanken | Eltern | der experimentierfreudigen Marion Donovan.
Der experimentierfreudigen Marion Donovan verdanken Eltern Windelnwechseln ohne Mühe.
Eltern verdanken der experimentierfreudigen Marion Donovan Windelnwechseln ohne Mühe.

F Nach der Erfindung des Windelhöschens | entwickelte | sie | die praktische Windel zum Wegwerfen.
Die praktische Windel zum Wegwerfen entwickelte sie nach der Erfindung des Windelhöschens.
Sie entwickelte die praktische Windel zum Wegwerfen nach der Erfindung des Windelhöschens.
Sie entwickelte nach der Erfindung des Windelhöschens die praktische Windel zum Wegwerfen.

2 a, b **B** Der pelzige [Teddybär] — eine [Freude] der Kinder

C [Josephine Cochran], eine Amerikanerin, — einen hilfreichen [Automaten] für die Küche

D Der [Geschirrspülautomat] mit Motor — mühsames [Spülen] von Hand

E [Windelnwechseln] ohne Mühe — der experimentierfreudigen [Marion Donovan]

F Nach der [Erfindung] des Windelhöschens — die praktische [Windel] zum Wegwerfen

Seite 50

1 b Die Satzanfänge sind immer gleich. Das Wort „hervorragend" wiederholt sich (und beschreibt nicht genau genug).

c „Chindogu" bedeutet auf Japanisch „seltsames Gerät". Chindogus sind hervorragende Erfindungen. Ein Chindogu löst ein alltägliches Problem ~~hervorragend und~~ ungewöhnlich. Chindogus sind aber oft auch ~~ziemlich~~ peinlich.
So könnte der verbesserte Text aussehen:
„Chindogu" bedeutet auf Japanisch „seltsames Gerät". Man versteht darunter besonders originelle Erfindungen. Ein Chindogu löst ein alltägliches Problem auf ungewöhnliche Weise. Oft sind solche Erfindungen aber auch peinlich.

2 Mögliche Erweiterungen durch adverbiale Bestimmungen oder Attribute: Dieser **merkwürdige** Hut ist […]. […] wird der Taschentuchhalter **auf dem Kopf** befestigt. […] rollt sich **schnell und mühelos** ab. Die Hutträger können sich **jederzeit** die Nase putzen.
Der Papiervorrat, **eine einfache Rolle Toilettenpapier**, kann […].

Teste dein Wissen! Satzglieder und Attribute

Seite 51

1 a **A** = Prädikat | **B** = Subjekt | **C** = Dativobjekt | **D** adverbiale Bestimmung des Grundes | **E** = Akkusativobjekt | **F** = adverbiale Bestimmung der Zeit *6 Punkte*

b **B** Hedy Lamarr, die Namensgeberin, | **D** Auf Grund synchroner Frequenzwechsel bei Sender und Empfänger |

E das Abhören oder Stören eines Funksignals | **F** während der Datenübermittlung mittels Funk *5 Punkte*

2 **Adjektivattribut:** synchroner | **Apposition:** die Namensgeberin | Genitivattribut: eines Funksignals | **präpositionales Attribut:** bei Sender und Empfänger, mittels Funk *5 Punkte*

3 **A** Kein Satzglied ist die Apposition. | **B** Es gibt keine adverbiale Bestimmung der Präposition. | **C** Es gibt keine adverbiale Bestimmung des Genitivs. *3 Punkte*

Insgesamt zu erreichende Punktzahl: 19 Punkte

Satzreihen/Satzverbindungen und Satzgefüge

Seite 52

1a, b Die IdeenExpo ist ein Naturwissenschafts- und Technik-Event für Schülerinnen und Schüler, diese Veranstaltung findet alle zwei Jahre in Hannover statt. Die Aussteller präsentieren [...] Wissenschaft und Technik zum Anfassen und Mitmachen, denn sie möchten das Interesse Jugendlicher wecken. Schülerinnen und Schüler können als Besucher zur IdeenExpo reisen, aber einige Jugendliche dürfen auch eigene Nachwuchsprojekte präsentieren. Bis zu 25 Schülerteams werden als Aussteller eingeladen, doch vorher müssen sie ihren Erfindergeist im Wettbewerb „Ideenfang“ unter Beweis stellen. Die Sieger vergangener Jahre haben den „sprechenden Schulweg“ entwickelt (,) oder sie haben sturmsichere Regenschirme [...] konstruiert. Bei der Auswahl der Jury zählen nicht nur eine innovative Idee und deren technische Umsetzung, sondern das Projekt muss auf der IdeenExpo auch Möglichkeiten zum Ausprobieren und Mitmachen anbieten. Gefällt dir eher ein ferngesteuerter Rennbesen (,) oder überzeugt dich der solarbetriebene Schlittschuhwärmer?

2 **A** Bis 2011 konnten nur Jugendliche aus Niedersachsen am „Ideenfang“ teilnehmen, **doch/aber** seit 2013 dürfen alle erfindungsreichen Schülerteams ihre Projekte einreichen.
B Die Gewinnerteams der Zwischenrunde erhalten bereits eine Unterstützung in Höhe von 600 Euro, **denn** sie müssen eine Präsentation ihres Projektes für die IdeenExpo vorbereiten.
C Die Sieger bekommen nicht nur ein Preisgeld, **sondern** ihnen wird auch ein Ausflug in die Welt der Technik spendiert.

Seite 53

1 a–d **A** Ein Schüler hat, nachdem er selbst einen Gips tragen musste, einen juckfreien Gipsverband erfunden.
HS , NS , HS .

B Eine Gruppe hat ein Handyladegerät für Fahrräder entwickelt, sodass man beim Treten das Handy auflädt.
HS , NS .

C Damit die Füße beim Skifahren nicht überraschend erfrieren, wurde ein Erfrierschutzalarm entwickelt.
NS , HS .

D Eine Schießautomatik an Hasenställen soll verhindern, dass Marder die Tiere töten.
HS , NS .

E Wenn die Tüte mit Schimmelflecken bedruckt ist, wird sicher niemand mehr das Pausenbrot stehlen.
NS , HS .

Seite 54

1 a, b [...] Hierbei werden jedes Jahr aus dem Bereich der Physik Aufgaben, die besonders pfiffige Lösungen benötigen, ins Netz gestellt. 2012 musste zum Beispiel eine Brücke aus Papier gebaut werden, welche einen Meter Distanz überbrückt und eine Getränkedose trägt. Auch eine Wasserrakete, die möglichst lange in der Luft bleibt, war gefragt. Beim Finale, welches in einem großen Zelt stattfindet, werden die besten Ideen präsentiert. Gewinnen werden am Ende die Schülerinnen und Schüler, deren Konstruktionen technisch besonders raffiniert sind.

2 a, b Mögliche Relativsätze:
A Schülerinnen und Schüler, die Freude am Experimentieren haben, sind bei diesem Wettbewerb gefragt.
B Die nach Duisburg einleladenen Schülergruppen werden von einem Lehrer begleitet, der engagiert ist.
C Professoren der Universität Duisburg-Essen bewerten die Konstruktionen, die präsentiert werden.
D Jugendliche, die am Wettbewerb interessiert sind, finden Informationen im Internet unter www.freestylephysics.de.

Gliedsätze unterscheiden

Seite 55–56

1 **A** Nun muss man das Glas umdrehen, während man die Postkarte festhält.
HS , NS .

B Wenn man jetzt die Postkarte loslässt, bleibt sie am Glas kleben.
NS , HS .

2 a, b **A** Die Postkarte klebt am Glas, weil die Luft von unten stärker drückt als das Wasser von oben. | **B** Die Postkarte sitzt ganz fest am Glasrand, sodass die Luft nicht eindringen kann. | **C** Es darf keine Luft ins Glas kommen, damit das Experiment gelingt. | **D** Wenn der Versuch im luftleeren Raum aufgebaut wird, misslingt das Experiment.

3 a, b **Beobachtung:** Das Wasser bildet über dem Glas (aB, wo?) eine Kuppe und läuft nicht über, obwohl es nun übervoll ist (As, trotz welcher Umstände?).
Erklärung: Da die Wassermoleküle sich stark anziehen und zusammenhalten (As, warum?), entsteht an der Oberfläche (aB, wo?) eine Art gespannte Haut. Eine solche Oberflächenspannung lässt sich auf den meisten Flüssigkeiten (aB, wo?) beobachten. Auf einer glatten Oberfläche (aB, wo?) formt sie Tropfen, indem sie Wasser zusammenzieht (As, wie?).

Seite 57

4 a–c **A** Weil Strom für unser Leben sehr wichtig ist, suchen Menschen nach neuen Energiequellen.
Warum suchen Menschen nach neuen Energiequellen? Kausalsatz
B Auch die Kraft der Wellen soll seit 200 Jahren genutzt werden, obwohl sie sehr unberechenbar ist.
Trotz welcher Umstände soll die Kraft der Wellen genutzt werden? Konzessivsatz
C Die Wellenkraft wird genutzt, indem das Hin und Her des Wassers in eine Drehbewegung verwandelt wird.
Wie wird die Wellenkraft genutzt? Modalsatz
D Falls allerdings ein Sturm die Wellen hochpeitscht, ist das Wellenkraftwerk schnell in Gefahr.
Unter welcher Bedingung ist das Wellenkraftwerk schnell in Gefahr? Konditionalsatz

5 a, b Mögliche Umformungen in Adverbialsätze (Satzstellung und Konjunktionen können abweichen):
A Aufgrund der Oberflächenspannung von Wasser können Wasserläufer über ein Gewässer krabbeln.
Weil/da das Wasser eine Oberflächenspannung besitzt, können Wasserläufer über ein Gewässer krabbeln.
B Allerdings gehen die Insekten bei Durchstoßen der „Wasserhaut" unter.
Allerdings gehen die Insekten unter, wenn/falls sie die „Wasserhaut" durchstoßen.
C Durch Ausnutzen der Oberflächenspannung kannst du Nadeln oder Büroklammern auf Wasser legen.
Indem du die Oberflächenspannung ausnutzt, kannst du Nadeln oder Büroklammern auf Wasser legen.
D Das Experiment mit der schwimmenden Büroklammer scheitert bei Verwendung von Spülmittel.
Das Experiment mit der schwimmenden Büroklammer scheitert, wenn/falls man Spülmittel verwendet.
E Wegen der durch das Spülmittel verringerten Oberflächenspannung geht die Büroklammer dann unter.
Die Büroklammer geht dann unter, weil/da das Spülmittel die Oberflächenspannung verringert.

Seite 58

6 a, b Stell dir diese alltägliche Situation vor: Während Ben in der Küche seine Fischstäbchen brutzelt, klingelt sein Handy. Sein Freund Yannick hatte versprochen sich zu melden, sobald er mit den Hausaufgaben fertig ist. Nun plaudern die beiden am Telefon, bis Ben aus der Küche einen beißenden Geruch wahrnimmt. Nachdem er sich hastig von Yannick verabschiedet hat, stürzt Ben zurück an den Herd. Als er die brennende Pfanne sieht, greift er sofort zur Flasche Mineralwasser auf dem Küchentisch. Er schüttet das Wasser auf die verkohlten Fischstäbchen in die Pfanne. Ehe er die Flasche abstellen kann, breitet sich in der Küche ein gewaltiger Feuerball aus.
Brechen wir an dieser Stelle das Gedankenexperiment ab, bevor Ben sich schwere oder sogar tödliche Verletzungen zuzieht. Was ist passiert? In dem Moment, als Ben das Wasser in das brennende Fett geschüttet hat, ist das Wasser schlagartig verdampft. Dabei entstehen aus einem halben Liter Wasser ungefähr 850 Liter Wasserdampf. Der Wasserdampf schleudert das brennende Fett aus der Pfanne heraus, sodass es sich in der ganzen Küche verteilt. Seit Ben im Chemieunterricht Experimente zur Fettexplosion ausgewertet hat, weiß er, wie er auf brennende Pfannen reagieren sollte: Dem Feuer muss mit einem Deckel die Sauerstoffzufuhr entzogen werden.

7 Vorzeitigkeit: sobald, nachdem, seit | Gleichzeitigkeit: während, als, als | Nachzeitigkeit: bis, ehe, bevor

Subjekt- und Objektsätze

Seite 59

1 a, b

	Subjektsatz	Objektsatz
A Die Schülerinnen und Schüler wissen, dass es auf die Erklärung ankommt. (Wen oder) Was wissen die Schülerinnen und Schüler?		X
B Der Lehrer wünscht, dass in Gruppen gearbeitet wird. (Wen oder) Was wünscht der Lehrer?		X
C Wer den Versuch verstanden hat, erklärt ihn den Lernpartnern. Wer (oder was) erklärt den Versuch den Lernpartnern?	X	
D Warum der Versuch misslungen ist, kann sich keiner erklären. (Wen oder) Was kann sich keiner erklären?		X

2 Mögliche Beschreibung eines kindlichen Versuchs mit Wasser:

Einmal wollte ich ausprobieren, ob mein kleines Plastiksieb schwimmen kann. Ich überlegte, wo ich genug Wasser für den Versuch finden würde. Kein Problem: Beim nächsten Besuch der Badewanne würde ich herausfinden, ob mein Sieb untergehen würde oder nicht! Gesagt, getan. Ich setzte das Sieb in der Badewanne auf die Wasseroberfläche und beobachtete, dass es langsam und unaufhörlich im Wasser verschwand. Anschließend untersuchte ich, warum es untergegangen war. Ich hatte bemerkt, dass mein Eimerchen schwimmen konnte. Also fragte ich mich, warum mein Sieb das nicht konnte. Plötzlich vermutete ich, dass es an den Löchern lag. Ich sah, dass mein Eimerchen keine Löcher hatte und oben schwamm, solange kein Wasser hineinlief. Ich überlegte, dass das Sieb unterging, weil immer Wasser hineinlief. Im Physikunterricht lernte ich neulich, dass das Eimerchen wegen des Auftriebs auf der Wasseroberfläche schwimmt.

Seite 60

3 Subjektsatz, Objektsatz:
A Wer folgende Vorbereitungen trifft, kann in einer Getränkeflasche einen kleinen Tornado erzeugen. **B** Beachtet, dass ihr zwei gleiche Plastikflaschen mit Schraubverschlüssen, Klebstoff und Klebeband, einen Bohrer von 10 mm Durchmesser und Wasser benötigt. **C** Die beiden Rückseiten der Schraubverschlüsse werden gegeneinander verklebt und genau in der Mitte aufgebohrt. **D** Wie ihr das Loch in die Verschlüsse bohrt, besprecht ihr bitte mit einem Erwachsenen. **E** Es ist empfehlenswert, dass ihr den angefertigten Doppelverschluss verstärkt, indem ihr ihn mehrfach mit Klebeband umwickelt. **F** Eine der Flaschen wird nicht vollständig mit Wasser gefüllt. **G** Ob ihr dem Wasser Glitzerpulver oder Tinte zugebt, ist eure Entscheidung. **H** Ihr könnt dann besser erkennen, wie sich das Wasser während des Experiments bewegt. **I** Mithilfe des Doppelverschlusses wird die leere Flasche mit der gefüllten dicht zusammengeschraubt. **J** Nun dreht ihr die Doppelflasche, damit die gefüllte Flasche oben ist.
Beobachtung: **K** Ihr stellt fest, dass zunächst nichts passiert. **L** Wahrscheinlich überrascht euch, dass kein Wasser aus der oberen in die untere Flasche fließt. **M** Wenn ihr allerdings die obere Flasche in eine schnelle Kreisbewegung versetzt (siehe Abbildung), könnt ihr beobachten, wie ein trichterförmiger Wasserwirbel entsteht. **N** Warum Wasser und Luft jetzt ihre Plätze tauschen, erfahrt ihr auf der S. 61.

4 Mögliche Satzumformungen:
Satz E: Empfehlenswert ist die Verstärkung des angefertigten Doppelverschlusses.
Satz H: Ihr könnt dann die Bewegung des Wassers während des Experiments besser erkennen.
Satz M: Wenn ihr allerdings die obere Flasche in eine schnelle Kreisbewegung versetzt (siehe Abbildung), könnt ihr das Entstehen eines trichterförmigen Wasserwirbels beobachten.
Satz N: Die Gründe für den Platztausch von Wasser und Luft erfahrt ihr auf S. 61.

5 Mögliche Zusammenfassung mit Subjekt- und Objektsätzen:
Tarik erzählt, dass er erfolgreich einen Tintenfleck mit Zitronensaft aus seinem T-Shirt entfernt hat. (Objektsatz, dass-Satz)
Emma fragt sich, ob das gelingen kann. (Objektsatz, indirekter Fragesatz)
Carl fügt hinzu, dass auch in Wasser gelöstes Backpulver Tintenflecken ausbleicht. (Objektsatz, dass-Satz)

Teste dein Wissen! Satzgefüge

Seite 61

1 Satz **B**: Konditionalsatz | Satz **D**: Finalsatz | Satz **F**: Modalsatz | Satz **G**: Objektsatz | Satz **L**: Modalsatz | Satz **M**: Konsekutivsatz *6 Punkte*

2 Vorzeitigkeit: Satz **H** | Gleichzeitigkeit: Satz **J** | Nachzeitigkeit: Satz **C** *3 Punkte*

3 Satz **E**: Male in der Mitte mit dem schwarzen Stift ein Muster mit einem Durchmesser von höchstens zwei Zentimetern. *2 Punkte*

Insgesamt zu erreichende Punktzahl: 11 Punkte

Rechtschreibung

Was kannst du schon?

Seite 62

1 Die Freizeitgestaltung von kindern in deutschland ist sehr vielfältig. Diese richtet sich nach persönlichen interessen, Begabungen und dem Angebot im näheren wohnumfeld. Auch freunde und die Eltern haben einfluss auf die Wahl der Freizeitaktivitäten. Kinder orientieren sich hierbei auch manchmal an vorbildern aus dem Bereich des Sports oder der literatur. Je nach alter, Geschlecht und Schulart haben Kinder ein unterschiedliches maß an Freizeit. 10 Punkte

2 T/treffen, S/spielen, E/entspannen, F/fernsehen, S/spielen, B/betrachten, B/berücksichtigen 7 Punkte

3 Die Frage, welche Freizeitaktivität die Beliebteste ist, kann man nur Schwer beantworten. Jüngere Kinder verbringen ihre Freizeit auch noch gern mit ihrer Familie und möchten am Liebsten etwas Schönes zusammen machen. Ab etwa zwölf Jahren ist der Freundeskreis als Bezugsgruppe am Wichtigsten. Das Größte ist dann für viele Jugendliche das Gemeinsame Sporttreiben in Vereinen. 5 Punkte

4 Kinder und Jugendliche wollen auch Kleidung kaufen, tanzen gehen und Handytöne herunterladen. 1 Punkt

5 a**ll**e | wi**ss**en | Intere**ss**antes | hä**ng**en | mü**rr**isch | Zi**mm**er | anzupa**ck**en | a**n**deren | gestre**ss**t | he**tz**en 10 Punkte

Seite 63

6 **Wörter mit einfachem Vokal:** Minute, planen, erleben
Wörter mit Vokal und h: Rahmen | Zahl | ausführlich | Belohnung | Wohl | befehlen | fahren 10 Punkte

7 Tier | Kino | zierlich | verdienen | gratulieren | Tiger | sieben | wir | ihm 9 Punkte

8 Ein Fehler findet sich in **A** und **E**. | Kein Fehler ist in **B**, **C** und **D**. 5 Punkte

9 a, b **A** ~~Genuß~~/Genuss | **B** ~~Schluß~~/Schluss | **C** ~~Strauss~~/Strauß | **D** ~~Badespass~~/Badespaß |
E ~~Fussstapfen~~/Fußstapfen | **F** ~~Strasse~~/Straße 12 Punkte

Groß- und Kleinschreibung

Seite 64

1 a–c Im Text gibt es **sechs** Nomen ohne direktes Nomensignal.

Gibt es ein Grundgesetz für Kinder?	1/4
Über zwanzig Jahre gibt es die UN-Kinderrechtskonvention. Sie ist 1989	4, 3/1
von den meisten Ländern der Welt beschlossen worden. Jedes Recht, das hier	4, 1, 3/1/2
festgeschrieben wurde, gilt für alle Kinder, unabhängig von ihrer Herkunft,	4, 2/4, 2
ihrer Hautfarbe und ihrem Geschlecht. Auch wenn diese Grundrechte noch	2/2/2
nicht in jedem Land geachtet werden und manchen Kindern noch	4, 2/2
viele Ungerechtigkeiten widerfahren, gibt die Konvention Ziele vor, die überall	2/1/–
auf der Welt gelten. Das Abkommen soll erreichen, dass für alle Kinder	4, 1/1/4, 2
zum Beispiel das Recht auf Gleichheit, Ernährung, Wohnung,	4/1/4/–/–
medizinische Versorgung und Bildung verwirklicht wird. Ein Artikel lautet sogar:	3/–/1
„Jedes Kind hat ein Recht auf Freizeit, Spiel und Erholung."	2/1/4/–/–
Jedes Jahr findet ein Weltkindertag statt, an dem zum Beispiel	2/1/4
mit gemeinsamen Spielen auf die Rechte von Kindern aufmerksam gemacht wird.	4, 3/4, 1/4

Seite 65

1 (zum) V/verstehen | B/brauchen | (ausführliches) E/erläutern | (wenig) R/rätselhaftes | (im) W/wesentlichen |
(das) E/erforschen | B/beantwortet | (durch gezieltes) D/drücken

2 Mögliche Einfügungen für die Erweiterungsprobe:

strahlendem ein dunkles das das frisches
… war in ↓ r/Rot gehalten. … stand ↓ b/Blau. Sehr viele … lieben ↓ f/Fernsehen oder ↓ s/Spielen am Computer. … war ↓ g/Gelb.
— neugierigen — spontane
Am ↓ i/Interessantesten beim ↓ b/Befragen … … selbst am ↓ b/Besten, welches ↓ v/Verwirklichen von Ideen Spaß machte.

Seite 66

1 (am) Morgen | früh | (jeden) Tag | (bis zum) Mittag | meistens | heutzutage | früher | oftmals | (bis zu drei) Tagen | (von) Montag (bis) Mittwoch | (am) Abend | frühzeitig | heute | (vor) Mittag | plötzlich | morgens | nachts

2 Möglicher Text:

Leider kann ich an Werktagen nie lange schlafen, denn ich muss ja morgens in die Schule. Am Wochenende ist das anders: Weil ich Training habe, stehe ich samstags nicht ganz so spät auf, aber jeden Sonntag schlafe ich bis in den späten Morgen hinein. Meine Eltern spotten gern: „Sollen wir dich am Abend wecken?" Aber das ist ziemlich übertrieben. Ich stehe spätestens mittags auf, denn nachmittags muss ich meist noch Hausaufgaben machen. Am nächsten Morgen geht die Woche ja wieder los, montags immer um 8:00 Uhr früh.

Seite 67

3 Mögliche SMS von Tim:

Hallo, Stefan,
leider kann ich morgen Abend nicht, da ist Fußball, wie immer montags. Übermorgen am Nachmittag will ich mit Maike klären, ob wir spätnachmittags ins Kino gehen. Dann ist Mittwochmittag ab 14:00 Uhr wie immer Geocaching-AG und am Mittwochabend bin ich mit meinem Opa zum Essen verabredet. Mit Paul will ich Donnerstag am Spätnachmittag für die Englischarbeit lernen. Aber am Freitag habe ich noch nichts vor. Am Samstag ist frühmorgens Krafttraining in der Muckibude geplant, am Nachmittag hätte ich Zeit für dich. Sonntags könnten wir uns den ganzen Tag über sehen. Also: Such dir ab Freitag einen Tag aus.
Dein Tim

Teste dein Wissen! Groß- und Kleinschreibung

Seite 68

1 Mögliche weitere Antworten:
B Etwas Außergewöhnliches: Nominalisierung eines Adjektivs *(Nomenbegleiter: [Indefinit-]Pronomen)* |
C tagsüber: Zeitadverb | **D** heute Morgen: kombinierte Zeitangabe aus Adverb und Nomen |
E der beste: Superlativ zum Adjektiv „gut" *(Schreibweise überprüfbar durch die Erweiterungsprobe)* *4 Punkte*

2 (etwas) Aufregendes | begeistert | schwindelig | (beim) Betrachten | (dieses) gewaltigen (Ungeheuers) | (etwas) Überraschendes | (das) Fahren | (ein) schwieriges (Unternehmen) | (zum) Entsetzen | überlebt *10 Punkte*

3 morgen früh | gestern Abend | donnerstagnachmittags | freitags | dienstagabends | gestern Mittag | spät nachts *7 Punkte*

Insgesamt zu erreichende Punktzahl: 21 Punkte

Getrennt- und Zusammenschreibung

Seite 69

1, 2 […] Am frühen Morgen musste sie für die Herrschaften in schweren Eimern **Wasser holen** und in allen Zimmern die **Öfen anfeuern**, damit es warm wurde. […], sie musste die **Betten machen** und die **Zimmer ausfegen**. […], musste sie außerdem die **Petroleumlampen putzen**. Nach jeder Mahlzeit sollte sie den **Tisch abräumen**. […], musste sie jeden Tag auch **Socken stopfen** und **Kleidung ausbessern**.

3 Mögliche Sätze:
Das Zimmerausfegen und das Petroleumlampenputzen sind Svenja sicher schwergefallen. Spaß gemacht hat ihr vielleicht das Sockenstopfen oder Kleidungausbessern.

Seite 70

4 Svenja hat sich erst daran **gewöhnen müssen**, den Anweisungen […]. So musste sie stundenlang **putzen üben**, […], und täglich so oft Wasser **holen gehen**, […]. Während die Herrschaften im prunkvollen Speisesaal **essen gehen** durften, […]. […] einmal in der Woche **baden gehen** und […]. […], mussten sie sofort **stehen bleiben** und ihn respektvoll **vorübergehen lassen**.

5 […] und sofort **bereit sein**, mit den Hausarbeiten zu beginnen. Im Lauf des Tages durfte sie nie **erschöpft sein** und eine Pause machen. Am Abend musste Svenja mit allen ihren Aufgaben **fertig sein**, […]. […] dass das Leben als Dienstmädchen ziemlich **anstrengend sein** kann. Dass das Leben einer Schülerin im 21. Jahrhundert hingegen sehr **bequem sein** kann, […]. Bald werden die zwei Monate im Gutshaus aber **vorbei sein**.

Seite 71

6 **A** sichergehen | **B** sicher gehen

7 gut schreiben | richtig rechnen | blaumachen | sichergehen | gut lernen | schwerfallen | fernsehen

8 schwarzfahren = ohne Fahrkarte fahren | tiefkühlen = einfrieren | schiefgehen = misslingen, schlecht ausgehen

Seite 72

9 **A** herausfordern | **B** hineinkommen | **C** zusammen spielen | **D** zurechtkommen | **E** herausfinden

10 […] wollten beim Experiment „Gutshaus 1900" **mitmachen**, da sie **ausprobieren** wollten, […]. Weil alle ihre sechs Kinder ins Haus **mitkommen** durften, […]. […], wie man mit Dienstpersonal **umgehen** muss.

Teste dein Wissen! Getrennt- und Zusammenschreibung

Seite 73

1 Getrennt geschrieben wird bei **A**, **B**, **C**, **D** und **G**. Zusammengeschrieben wird bei **E** und **F**. *7 Punkte*

2 ausprobieren | aussuchen | sozial engagieren | Feuer löscht | Erste Hilfe leistet | Einkäufe erledigen | essen gehen | zusammensitzen | allein sind *9 Punkte*

Insgesamt zu erreichende Punktzahl: 16 Punkte

Üben macht sicher Regeln zum Rechtschreiben

Seite 74

1 Omar und seine Eltern wohnen in der Karibik. Hier sind tolle Sandstrände und das Wasser ist immer wunderbar warm. Diese herrliche Gegend besuchen Touristen aus aller Welt. Omar geht fast jeden Tag schwimmen. Er taucht zu Felsen und Korallenriffen und sucht nach bunten Fischen. Durch seine Maske kann Omar unter Wasser sehen, dank seiner Flossen kommt er schnell vorwärts.

2 a, b **A** und (4x) – Eltern – sind – Sandstrände – ist – wunderbar – warm – Touristen – Welt – fast – Felsen – bunten – Fischen – Durch – Maske – unter – dank – vorwärts
B tolle – Wasser (2x) – immer – herrliche – aller – schwimmen – Korallenriffen – kann – Flossen – kommt – schnell

3 a, b **A** Sonne, Tonne, Wonne | **B** Ball, Fall, Knall | **C** Puppe, Suppe, Gruppe | **D** Kette, Wette, Klette

Seite 75

4 a, b Mögliche Wörter aus der Wortfamilie:
A Backbuch, Bäckerei, Backstube, Gebäck | **B** Blitz, blitzen, geblitzt, blitzartig, Blitzeinschlag, blitzschnell |
C Schreck, schrecklich, erschrecken, schreckhaft, Kinderschreck | **D** kratzen, Kratzer, zerkratzt, Kratzeis, zerkratzen |
E Decke, zudecken, bedecken, bedeckt, Bettdecke, Deckenlampe

5 Olja aus Moskau
Olja lebt in einem Vorort von Moskau, der Hauptstadt von Ru**ss**land. Sie besucht die „Kla**ss**ische Tanzschule", um Tän**z**erin zu werden. Mit diesem Schulabschlu**ss** ka**nn** sie einem professione**ll**en Ba**ll**ettensemble beitreten. Oljas Füße ste**ck**en beim Tanzen in Schuhen aus Sto**ff**. Da diese sehr schne**ll** verschleißen, braucht sie o**f**t ein neues Paar. Am liebsten tanzt Olja in einem Rö**ck**chen aus weißer Spi**tz**e, aber beim Üben hat sie meistens ein einfaches Trikot an. Ihre Haare trägt Olja gern o**ff**en, aber für den Ballettunterricht mu**ss** sie die Haare zu einem Du**tt** hochstecken. Olja wo**ll**te schon i**mm**er Tänzerin werden.

6 **A** Ja**c**ke | **B** perfe**k**t | **C** a**k**tuell | **D** Ta**k**t | **E** Re**k**ord | **F** So**ck**e | **G** Ro**ck** | **H** Ma**kk**aroni | **I** o**kk**upieren | **J** Sa**kk**o | **K** a**kk**urat | **L** De**ck**e

Seite 76

1 **Kasten links:** Bahn | Sahne | Blume | Lügen | Rohre | Mut | Urlaub | Fohlen | Sandalen | Königin | Namen | Leben | Lehrer | Möhren
Kasten rechts: schlagen | verehren | erwähnen | führen | krönen | besohlen | ernähren | nehmen | belohnen | verlegen | erzählen | schaben | kehren | fahren

2 **A** Bohnen – Melonen | **B** Kran – Hahn | **C** Hüne – Bühne | **D** Kohlen – Pistolen

Seite 77

3 Verkleinerungsformen und zusammengesetzte Nomen/Substantive:
B Paar → das Pärchen, der Paartanz | **C** Seele → das Seelchen, die Seelenverwandtschaft |
D Boot → das Bötchen, das Bootshaus | **E** Haar → das Härchen, die Haarfarbe

4 **A** pürieren → Püree | **B** wiegen → Waage | **C** frottieren → Frottee | **D** gelieren → Gelee | **E** säen → Saat | **F** schneien → Schnee

5 **A** Aaal → (sich) aalen | **B** Paar → (sich) paaren | **C** Seele → beseelen | **D** Moos → vermoosen | **E** Haar → enthaaren |
F Staat → verstaatlichen | **G** Teer → teeren | **H** Heer → verheeren

6 **A** Das S**ee**grundstück bot s**ee**wärts einen wunderbaren S**ee**blick auf s**ee**tüchtige Segelboote, die bei S**ee**wind in S**ee** stachen und am S**ee**ufer die S**ee**rosen zurückließen.
B Im M**oo**r war der M**oo**rboden schon so lange m**oo**rig, dass es ungezählte M**oo**rleichen von M**oo**rhühnern gab, die nun bis in alle Ewigkeit ein M**oo**rbad nehmen.

Seite 78

1 a **A** Ziege – **1** Wiege | **B** Biene – **2** Schiene | **C** Sieb – **3** Dieb | **D** Spiel – **4** Ziel | **E** Lied – **5** Schmied | **F** Liege – **6** Fliege

b Mögliche Zweizeiler:

A1 Eine kleine Ziege
liegt selten in der Wiege.

B2 Die lebensmüde Biene
fliegt dicht über die Schiene.

C3 Bei jedem guten Spiel
ist Spaß daran das Ziel.

E5 Der fröhliche Schmied
trällert ein Lied.

F6 Auf der sommerlichen Liege
stört allein die flinke Fliege.

2 das Kino, die Nische, der Igel, der Liter, der Biber, die Bibel, das Klima, die Primel, die Brise, der Kamin, der Tiger, die Fibel, die Limonade, die Krise, das Benzin, das Kilo, der Termin, der Pilot, die Pantomime

3 ihrer | ihre | ihre | ihrer | ihr

Seite 79

4 Lawine | Apfelsine | Gardine | Praline | Kusine | Routine | Rosine | Kantine

5 **Nomen mit -ie:** Garantie | Bürokratie | Kopie | Theorie | Energie | Drogerie | Lotterie | Harmonie | Monarchie | Regie | Sinfonie | Allergie
Nomen mit -ier: Klavier | Revier | Pionier | Papier | Juwelier | Kurier | Turnier | Manier | Offizier

6 dosierbar | addierbar | programmierbar | kontrollierbar | regierbar | strapazierbar | dividierbar | realisierbar | konservierbar

7 **Fremdwörter mit der Endung –iv:** Nominativ, Genitiv, Dativ, Akkusativ | Aktiv, Passiv | Indikativ, Konjunktiv

Teste dein Wissen! Kurze und lange Vokale

Seite 80

1 Fototechnik: Str**ah**lend sch**ö**ne Bilder!
Es geht h**ie**r um die Licht- und Scha**tt**enseiten des Fotograf**ie**rens! Schl**ie**ßlich ist es entscheidend für eure Bilder, ob **ih**r zur Mi**tt**agszeit oder in der Dä**mm**erung, bei Kunst- oder mit G**e**genlicht fotografiert. Achtet d**a**rum nicht zuletzt darauf, aus welcher Richtung das Licht auf euer Mot**i**v fä**ll**t. *14 Punkte*

2 a Tipps für tole Aufnamen
Wenn mitags die Sonne fast senkrecht am Himel steht, ist das Licht hart. Weicher wirkt es, je weiter seine Quele entfehrnt und je größer die Fläche ist, von der es abstralen kann, etwa ein bewöhlkter Horizont. Fotografirt ihr mit Geegenlicht, werden die Bilder meist zihmlich düster. Schahde, wenn ihr schöne Porträts schißen wolltet. Aber genau richtig, wenn eure Bilder aussehen sollen wie Schehrenschnitte.

b Mögliche Beispiele:
tolle, Tollwut, herumtollen | Aufnahmen, nehmen, nahm | mittags, Mittagessen, Nachmittag | Himmel, anhimmeln, himmlisch | Quelle, emporquellen, Quellwasser | entfern, Entfernung, fern | abstrahlen, Strahl, angestrahlt | bewölkter, Wolke, Wölkchen | fotografiert, Fotografie, Fotograf | Gegenlicht, entgegen, dagegen | ziemlich | Schade, schädlich, beschädigen | schießen, Schießstand, Schießeisen | Scherenschnitte, Schere, scheren *28 Punkte*

3 Richtig sind die Aussagen **C** und **E**. Falsch sind **A**, **B** und **D**. *5 Punkte*

Insgesamt zu erreichende Punktzahl: 47 Punkte

Die Schreibung der s-Laute

Seite 81

1 grüßen, außen, einflößen, fließen, heißen, schmeißen, stoßen
fleißig, dreißig, mäßig, gefräßig
Füße, Muße, Größe, Maße, Späße, Flöße, Schöße, Süße

2 Gras – Gräser, Glas – Gläser, Preis – Preise, Fuß – Füße, Gans – Gänse, Kloß – Klöße, Maus – Mäuse, Strauß – Sträuße

Seite 82

1 a **Boss** – Bass – Fass – nass – Nuss | **wessen** – messen – missen – wissen – Kissen | **Biss** – Riss – Ross – goss – Guss | **fassen** – lassen – Massen – müssen – küssen

b Mögliche Sätze (Zeile 1): Der Boss ist Paul. Doch wessen Boss? Das ist Paul gleichgültig, denn er hat Biss. Es ist nicht zu fassen.

2

Nomen	Verb	Adjektiv
Missklang, Missernte, Misserfolg, Missgriff, Missgeschick, Missverhältnis	missachten, missgönnen, misslingen, missbilligen, missraten, missverstehen	misslaunig, missliebig, missgünstig, missmutig, missverständlich

3 Hindernis – Hindernisse | Geschehnis – Geschehnisse | Bekenntnis – Bekenntnisse | Vorkommnis – Vorkommnisse | Erfordernis – Erfordernisse | Verhältnis – Verhältnisse | Erkenntnis – Erkenntnisse | Geständnis – Geständnisse

Seite 83

4

Infinitiv	Präsens Singular	Präteritum Singular	Nomen/Substantive
erlassen	er erlässt	sie erließ	der Erlass
stoßen	sie stößt	er stieß	der Stoß
beschließen	er beschließt	sie beschloss	der Beschluss
vergessen	sie vergisst	er vergaß	das Vergessen
genießen	er genießt	sie genoss	der Genuss
messen	sie misst	er maß	das Maß
beißen	er beißt	sie biss	der Biss
schießen	sie schießt	er schoss	der Schuss

5 Un**s**ere Erde wird oft „der blaue Planet“ genannt, denn das mei**s**te auf ihr ist Wa**ss**er. Eigentlich mü**ss**te sie daher „Wa**ss**er“ hei**ß**en und nicht „Erde“! Der grö**ß**te Teil dieser Flü**ss**igkeit – 97 Prozent – ist leider das Salzwa**ss**er in Meeren und Ozeanen. Sü**ß**wa**ss**er gibt es nur in Flü**ss**en und Seen, au**ß**erdem am Nord- und Südpol und als Gletscher in Form von Ei**s**. Das Wa**ss**er auf der Erde rei**s**t sozusagen immerzu im Krei**s** herum – darum sprechen wir auch von Wa**ss**erkrei**s**lauf. Nicht überall auf der Erde gibt es genug von diesem kostbaren Na**ss**, de**s**halb sollten wir spar**s**am und umsichtig damit umgehen. Dazu kann man zum Beispiel Regen für die Gartenbewä**ss**erung in einer Tonne sammeln, das Auto in einer Waschstra**ß**e mit geschlo**ss**enem Krei**s**lauf waschen und beim Zähneputzen das Wa**ss**er nicht weiter flie**ß**en la**ss**en.

Seite 84

1 Wie klappt es, ~~das~~/dass morgens alle pünktlich aufstehen, frühstücken und pünktlich losgehen? Das Radio, das/~~dass~~ auf 6:25 Uhr programmiert ist, hört man in allen Zimmern. Mama und Papa sorgen abwechselnd dafür, ~~das~~/dass unsere Pausenbrotboxen gefüllt werden. Im Bad ist so viel Platz am Waschbecken, ~~das~~/dass wir drei Mädchen uns gleichzeitig die Zähne putzen können. Das Honigglas, das/~~dass~~ reihum wandert, reicht meistens nur für zwei Tage. Das Telefon, das/~~dass~~ um 7:23 Uhr wie ein Wecker läutet, sagt, ~~das~~/dass jetzt alle aufbrechen müssen.

2 Daran, **dass** wir tagelang packen, merkt auch der letzte Nachbar, **dass** wir bald verreisen. Wir, **das** sind meine fünf Geschwister, unsere Eltern und ich, Gianna. 16 Koffer und Taschen zählte im vergangenen Sommer unser Gepäck, **das** sich im Flur bald übereinanderstapelte. Ich war froh, **dass** ich wenigstens noch zu meinem Bett durchkam. Auch wir Kinder packen. Klar ist es manchmal nervig, **dass** wir alle mithelfen müssen. Aber so hat man das schöne Gefühl, **dass** der Urlaub immer näher kommt. Unser Auto, **das** ein Bus mit acht Plätzen ist, reicht gerade eben für unsere Familie aus. Als Großfamilie im Urlaub zu sein, ist schön und schlimm zugleich. Schlimm ist, **dass** es dann mehr Streit und weniger Süßigkeiten gibt. Schade ist auch, **dass** unsere Unternehmungen nicht bei allen gleichermaßen beliebt sind. Gemeinsam eine Bergtour zu machen zum Beispiel, finden die Kleinen viel zu anstrengend, aber die Großen langweilen sich. Das vielleicht Schönste am Urlaub in einer Großfamilie ist, **dass** ständig irgendetwas passiert.

Teste dein Wissen! Die s-Laute, „das" oder „dass"?

Seite 85

1 Energiesparhau**s** | Hau**s** | lä**ss**t | Au**ß**enwand | ausgelö**s**t | Hau**s** | Da**s** | Schlü**ss**el | verge**ss**en | Türschlo**ss** | i**s**t | hei**ß**es | la**ss**e | Gewi**ss**en | wei**ß** | da**ss** *16 Punkte*

2 **Dass** in Gebäuden sehr viel Energie verbraucht wird, zum Beispiel für die Heizung, warmes Wasser oder Elektrogeräte, weiß jedes Kind. Und es weiß auch, **dass** dies teuer für die Bewohner und schlecht für die Umwelt ist. Denn wo Energie verbraucht wird, entsteht meist CO_2, ein Gas, **das** schädlich fürs Klima ist. In Deutschland gibt die Regierung deshalb Geld aus, **das** zwar nicht alle Hausbesitzer zum Energiesparen anregt, aber doch einige. Wir alle sollten anerkennen, **dass** viele Menschen ihre Häuser so umbauen, **dass** diese selbst Energie erzeugen können – etwa durch eine Solaranlage. *6 Punkte*

Insgesamt zu erreichende Punktezahl: 22 Punkte

Zeichensetzung

Seite 86

1 a–c Satzgefüge, Satzreihen/Satzverbindungen:
Sicher kennst du einige Regeln, wie du dich am Esstisch benehmen sollst. Eine Aufforderung, die Kinder bei uns oft zu hören bekommen, lautet: Iss deinen Teller leer! Bei uns gilt es als höflich, wenn man seine Speisen aufisst. Der leere Teller freut die Köchin, weil er signalisiert, dass es dir geschmeckt hat. Bei einem Besuch in Russland solltest du diese Regel aber außer Acht lassen, denn der Koch wird sonst enttäuscht sein. Ein Teller, welcher leer gegessen ist, weckt beim Koch die Frage, ob er zu wenig zubereitet hat. Indem du aus Höflichkeit einen Rest auf dem Teller lässt, lobst du in Russland die Kochkunst des Hauses. Wenn man in die USA reist, kann man auch einen Unterschied zu unseren Essgewohnheiten beobachten. Die US-Amerikaner halten beim Essen nicht Messer und Gabel in den Händen, sondern eine Hand bleibt frei und liegt im Schoß. Es ist unklar, ob diese Tischsitte tatsächlich auf die Zeit des Wilden Westens zurückgeht. Weil man damals jederzeit bereit für eine Schießerei sein musste, soll eine Hand stets an der Waffe gelegen haben. Heutzutage essen jedenfalls die meisten US-Amerikaner nur mit der Gabel, nachdem sie zuvor ihr Fleisch und andere Speisen zerschnitten haben.

Seite 87

2 a, b **B 6** In China [ist] zum Beispiel das Schlürfen üblich(,) und es [darf] mit vollem Mund gesprochen werden.
HS, HS.

C 5 Das Ansaugen der Suppe [ist] durchaus sinnvoll, denn dadurch [kommt] Luft in den Mund, die das Aroma der Speisen [verstärkt].
HS, NS, NS.

D 1 Ältere Menschen [werden] bei Tisch besonders umsorgt, indem man ihnen mit dem eigenen Essstäbchen leckere Bissen [reicht].
HS, NS.

E 2 Gräten oder kleine Knochen [dürfen] auf den Tisch gespuckt werden, aber das Niesen oder gar Schnäuzen [ist] streng verboten.
HS, HS.

F 3 Während bei uns keiner bei Tisch Fleischreste mit den Fingern aus den Zähnen ziehen [sollte], [kann] man das in Asien unbeschwert tun, denn niemand [findet] dieses Verhalten unappetitlich.
NS, HS, NS.

3 a, b Obwohl es nicht ganz einfach ist, lernen chinesische Kinder das Essen mit Stäbchen schon im Kindergarten. Wissenschaftler betonen, dass dies das Gehirn trainiert, denn die Koordination von Essen, Stäbchen und Mund ist anspruchsvoll. Alle Kinder in Asien wissen, dass man mit Stäbchen nicht auf andere Leute zeigt. Sie dürfen das Essen nicht aufspießen, obwohl das manchmal leichter wäre. Außerdem lernen die Kinder, dass man Stäbchen nicht senkrecht in die Reisschale steckt. Das macht man nur bei einer Trauerfeier, damit der Verstorbene im Himmel, auf den das Stäbchen zeigt, symbolisch mitessen kann.

Seite 88

1 a, b Wer als Tourist oder als Geschäftsmann nach China kommt, sollte damit rechnen, dass er nicht nur ungewohnte Tischsitten, sondern auch einige Geschmacksabenteuer erleben wird. So wird in China zum Beispiel neben dem Fleisch von Schwein, Rind und Huhn auch Hundefleisch verarbeitet. Milch, Joghurt, Käse und andere Milchprodukte werden hingegen nur selten verwendet, da viele Chinesen den Milchzucker (Lactose) nicht gut verdauen können. Bei einer typisch chinesischen Mahlzeit werden verschiedene Vorspeisen, Hauptgerichte sowie der Nachtisch gleichzeitig zubereitet, in verschiedene Schüsselchen gegeben und gemeinsam auf den Tisch gestellt. Man wird darunter Scharfes, aber auch Süßsaures finden. Auf jeden Fall gibt es morgens, mittags, abends ausreichend Reis. Er darf bei keiner Mahlzeit fehlen. So nennen Chinesen ihre Mahlzeiten sogar Morgenreis, Mittagsreis und Abendreis.

2 a, b In Ladakh, einer indischen Provinz im höchsten Gebirge der Welt, nämlich dem Himalaya, wird einem Gast als Erstes ein Tee angeboten. Dieser Tee wird in kleinen Gefäßen aus unterschiedlichem Material, häufig aus Ton oder Metall, serviert und riecht sehr streng. Er besteht aus Schwarztee, Salz und der Butter von Yaks, einer dort heimischen Rinderart. Diese Butter, ein kostbares Nahrungsmittel in der kargen und kalten Gegend, schmeckt ranzig und intensiv nach Kuh. So zeigt sich in der freundlichen Frage „Butter tea?", so der Name des Tees, zwar die äußerst herzliche Gastfreundschaft der Ladakhis, den Tee mit freundlichem Gesichtsausdruck zu trinken, kann dem Gast aus der Ferne, zum Beispiel aus Deutschland, aber schwerfallen.

Teste dein Wissen! Zeichensetzung

Seite 89

1 In vielen ostafrikanischen Ländern, zum Beispiel in Kenia, Tansania oder Uganda, wird täglich Ugali gegessen. Das ist ein klebriger, sättigender, geschmacksneutraler Maisbrei, der mit der rechten Hand zu kleinen Kugeln geformt wird. Niemals wird mit der linken Hand gegessen, denn sie gilt als unrein. Traditionell essen alle gemeinsam aus einer großen Schüssel. Sobald eine Ugalikugel in der Hand fertig gedreht ist, tunkt man damit die Soße auf. *8 Punkte*

2 **A** Komma vor und nach einer Apposition | **B** Komma am Anfang und am Ende eines Relativsatzes, Komma bei Aufzählung | **C** Komma zwischen HS und NS | **D** Komma in Satzreihe zwischen HS und HS *4 Punkte*

3 Wusstest du schon, dass **(, falsch)** in Südafrika gern Fleisch vom Springbock, Warzenschwein und der Oryxantilope gegessen wird? Der größte Vogel der Erde, der Strauß, wird dort auf Farmen gezüchtet, denn sein Fleisch schmeckt lecker. „Smaaklike ete", das heißt „Guten Appetit", wünschen sich die Südafrikaner auf Afrikaans. Afrikaans ist eine Sprache, die aus dem Niederländischen stammt, sie ist heute eine **(, falsch)** von elf Amtssprachen in Südafrika.
(2 Kommas = richtig, 2 Kommas = falsch, weitere 7 Kommas müssen gesetzt werden) *11 Punkte*

Insgesamt zu erreichende Punktzahl: 23 Punkte

Teste deinen Lernstand!

Seite 91

1 Richtig ist Antwort **D**. *1 Punkt*

2 Sinnabschnitt 1: **D** | Sinnabschnitt 2: **C** | Sinnabschnitt 3: **A** | Sinnabschnitt 4: **B** *4 Punkte*

3 Richtig sind die Aussagen **A**, **C** und **D**. Falsch sind die Aussagen **B** und **E**. *5 Punkte*

Seite 92

4 Richtig sind die Aussagen **A** und **D**. Falsch sind **B**, **C** und **E**. *5 Punkte*

5 Richtig ist Antwort **B**. *1 Punkt*

6 Richtig ist Antwort **C**. *1 Punkt*

7 Die Personifikation ist: „… die Bäume verbeugen sich alle." (Vers 12) *2 Punkte*
Mögliche Beschreibung der Wirkung: Die Bäume wirken infolge der Schaukelbewegung bewegt.
Diese wahrgenommene Bewegung wird durch das Wort „verbeugen" vermenschlicht.

8 Richtig ist Antwort **D**. *1 Punkt*

Seite 93

9 a, b (je 4 Punkte für die Unterstreichung eines jeden Passivsatzes sowie der Passivformen darin)
A Bei einem sogenannten Parabelflug wird künstlich Schwerelosigkeit erzeugt.
C Dabei werden die Passagiere mit dem Doppelten ihres Körpergewichts an den Boden gepresst.
G Diese Flugbewegung wird bis zu 30 Mal wiederholt.
H Durch den achterbahnartigen Kurvenflug wird der Orientierungssinn verwirrt. *8 Punkte*

c Mögliche Umwandlungen ins Passiv:
B Von einem speziell ausgerüsteten Flugzeug wird ein schneller Steilflug nach oben ausgeführt.
F Das Flugzeug wird (von den Piloten) später aus dem Sturz abgefangen.
I Die Kurven werden Parabeln genannt. *3 Punkte*

d Richtig ist Antwort **A**. *1 Punkt*

10 a **A** Es gab kein Oben und Unten mehr, sodass man frei im Raum schweben konnte.
B Ich fühlte mich, als hätte ich gar kein Gewicht mehr.
C Damit ich die Umgebung neu wahrnehmen konnte, setzte ich mich immer wieder an die Decke.
D Während ich Purzelbäume in der Luft schlug, fühlte ich mich glücklich und frei.
E Vor dem Abstürzen hatte ich nie Angst, obwohl wir uns im freien Fall befanden.
F Das Fotografieren war allerdings nicht so einfach, weil man ohne Halt leicht irgendwo anstößt.

b **A** Konsekutivsatz | **B** Modalsatz | **C** Finalsatz | **D** Temporalsatz | **E** Konzessivsatz | **F** Kausalsatz *(je 6 Punkte) 12 Punkte*

Seite 94

11

Noch heute abend antworten: Einladung zur Geburtstagsfeier!	Abend
Freut euch, denn wir dürfen am samstag feierngehen. Seid ihr …	Samstag, feiern gehen
… *schwindelfrei?* Ich habe mir nemlich das Achterbahn fahren im	nämlich, (das) Achterbahnfahren
Vergnügungspark gewünscht. Dort steht auch eines der grösten	größten
Riesenräder in Europa. Oben erwartet uns etwas schönes:	(etwas) Schönes
Wir werden einen Aussblick über die ganze Stadt haben.	Ausblick
… *seefest?* Denn es gibt auch eine risige, neue Schifschaukel.	riesige, Schiffschaukel
Beim Schaukeln heist es da festhalten!	heißt
… *mutig?* Dann könnt ihr mit mir auf den Freifalturm kommen.	Freifallturm
Das wird ein kribbeln im Bauch geben, wenn wir aus 30 Metern	(ein) Kribbeln
Höhe nach unten Rauschen. Ich freue mich auf euer Kommen!	rauschen

7 Punkte

12 ~~B~~/besondere | ~~B~~/bewegen | (in einer …) G/~~g~~ondel | ~~G~~/garantiert | ~~E~~/erleben | (das) W/~~w~~ildeste | (die) M/~~m~~utigen | (einen besonderen) K/~~k~~ick | ~~V~~/verlängerten Arm | ~~A~~/außen | H/~~h~~öhe | (ein) M/~~m~~uss *6 Punkte*

Seite 95

13 a, b **A** fliegen lernen, Getrenntschreibung von Verb + Verb | **B** (das) Autofahren, Zusammenschreibung von Nomen + Verb bei Nominalisierung | **C** (am nächsten) Morgen, Nomen = Großschreibung | **D** (spät) abends, Adverb = Kleinschreibung *4 Punkte*

14 Überprüfe deine Ergebnisse, indem du sie schrittweise durchgehst. Vielleicht kann dir auch eine Mitschülerin oder ein Mitschüler bei der Beurteilung helfen. Notiere dir zu jedem Bereich, den du als gelungen bewertest, die angegebene Punktzahl.

a Sind die Informationen in deinem Text sinnvoll **gegliedert** (W-Fragen)?
Einleitung: Was geschah? Wann geschah es? Wo geschah es? Wer war beteiligt?
Hauptteil: Wie lief das Ereignis ab?
Schluss: Welche Folgen hatte das Ereignis?
Reihenfolge: **A** = 1 | **B** = 4 | **C** = 5 | **D** = 6 | **E** = 2 | **F** = 3 *3 Punkte*

b Passt die **Überschrift** zu den Informationen auf dem Stichwortzettel?
Beispiele: *Rekordsturz aus dem Himmel / Der Himmelssturz: Rekorde gebrochen / Sprung aus der Stratosphäre: Baumgartner bricht Rekorde* *2 Punkte*

c
- Prüfe, ob dein Text alle wichtigen Informationen enthält.
  Fakten zum Projekt, **Beschreibung der Umstände** und der drei **Rekorde**, **Baumgartners Aussagen**, **Kittingers Rolle**, Ausblick: **Buchveröffentlichung** *(je 2 Punkte) gesamt 10 Punkte*
- Untersuche, ob du durchgängig **sachlich** (ohne Meinungen oder Wertungen) und **zum Thema** geschrieben hast. Gibt es z. B. Stellen, an denen du eher spannend erzählst oder an denen du vom Thema abschweifst? Unterstreiche solche Stellen. *2 Punkte*
- Hast du die **Tempusformen** richtig gewählt? Sind die zurückliegenden Ereignisse (1960, 2012) im **Präteritum** geschrieben und der Ausblick auf das aktuelle Vorhaben (Buchveröffentlichung) im **Präsens**? *2 Punkte*
- Hast du die wörtliche Rede in die **indirekte Rede** umgewandelt? *2 Punkte*
- Ist die **Rechtschreibung** korrekt? Hier kannst du bis zu fünf Punkte anrechnen:
  0 Fehler = 5 P., bis zu 3 Fehler = 4 P., bis zu 6 Fehler = 3 P., 7 Fehler und mehr = 0 P. *max. 5 Punkte*

Möglicher Text:

Der Himmelssturz: Rekorde gebrochen

Der 43-jährige österreichische Abenteurer und Extremsportler Felix Baumgartner stellte am 14. Oktober 2012 mit seinem Sprung aus der Stratosphäre über der Wüste von New Mexico drei neue Rekorde auf.
Er stieg mit einem heliumgefüllten Ballon in einer Kapsel in über 39 Kilometer Höhe auf. Bei einer Temperatur von – 57 °C ließ er sich in seinem Schutzanzug aus der Kapsel fallen. Nach einem freien Fall von über 4 Minuten öffnete er seinen Fallschirm. Dabei erreichte er eine Geschwindigkeit von 1 343 Stundenkilometern und durchbrach damit die Schallmauer. Er landete nach etwa 9 Minuten sicher auf der Erde.
Baumgartner stellte in diesem Projekt mehrere Rekorde auf: die höchste bemannte Ballonfahrt, der höchste Fallschirmsprung, die höchste Geschwindigkeit eines Menschen ohne besondere Schutzhülle.
Nach dem Rekordsprung sagte Baumgartner, dass man demütig werde, wenn man da oben stehe. Man denke nicht mehr daran, Rekorde zu brechen oder wissenschaftliche Daten zu sammeln. Man wolle nur noch lebend zurückkommen.
Bei den Vorbereitungen zum Sprung beriet Joe Kittinger, ein ehemaliger Testpilot der US-amerikanischen Luftwaffe, den Österreicher. Kittinger hielt die Rekorde seit über 50 Jahren. 1960 unternahm er einen ähnlichen Sprung als Projekt zur Weltraumforschung.
Baumgartner plant nun ein Buch mit dem Titel „Himmelsstürmer – Mein Leben im freien Fall".

Punkteverteilung

Nr.	Aufgabenstellung	Punkte
A 1	Thema des Textes	1 Punkt (für das richtig gesetzte Kreuz)
A 2	Sinnabschnitte	4 (je ein Punkt für einen richtig gesetzten Buchstaben)
A 3	richtig oder falsch?	5 Punkte (je 1 Punkt für jedes richtig gesetzte Kreuz)
A 4	Grafik: richtig oder falsch?	5 Punkte (je 1 Punkt für jedes richtig gesetzte Kreuz)
A 5	Thema des Gedichts	1 Punkt (für das richtig gesetzte Kreuz)
A 6	Inhalt 3. Strophe	1 Punkt (für das richtig gesetzte Kreuz)
A 7	Personifikation	2 Punkte (1 Punkt für die Unterstreichung und 1 Punkt für die Beschreibung der Wirkung in einem vollständigen Satz)
A 8	Wort „und"	1 Punkt (für das richtig gesetzte Kreuz)
B 9	a) Passivsätze b) Subjekte c) Passivsätze d) Wirkung	4 Punkte (je 1 Punkt für jeden richtig unterstrichenen Satz) 4 Punkte (je 1 Punkt für jede richtig umkreiste Passivform) 3 Punkte (je 1 Punkt für jeden richtig formulierten Passivsatz) 1 Punkt (für das richtig gesetzte Kreuz)
B 10	Gliedsätze	12 Punkte (je 1 Punkt für die richtig unterstrichene Konjunktion und je 1 Punkt für den richtig bestimmten Gliedsatz)
C 11	Fehler korrigieren	7 Punkte (1/2 Punkt je entdecktem Fehler + Verbesserung)
C 12	Groß- und Kleinschreibung	6 Punkte (1/2 Punkt je richtig durchgestrichenem Buchstaben)
C 13	Fehlerschwerpunkte	4 Punkte (je 1/2 Punkt für den richtig korrigierten Fehler und die richtige Begründung der Schreibweise)
D 14	informativer Text	26 (Verteilung: siehe Hinweise im Lösungsteil, S. 28)
Summe		**87**

Bewertungsschlüssel

87–60 Punkte	59–30 Punkte	29–0 Punkte
Du liegst im guten bis sehr guten Bereich. Vielleicht siehst du dir trotzdem noch einmal die Stellen an, an denen du dich noch verbessern kannst.	**Einiges gelingt dir gut, manches musst du aber noch einmal üben.** Versuche anhand des Testes Fehlerschwerpunkte zu entdecken, damit du gezielt wiederholen kannst.	**Du musst vieles wiederholen und noch einmal gründlich üben.** Überlege gemeinsam mit deinen Eltern oder deiner Lehrerin / deinem Lehrer, wo besondere Fehlerschwerpunkte liegen und wie du vorgehen kannst, um dich zu verbessern.

Attributformen als Teil eines Satzglieds

Merkwissen Attribute (Beifügungen)

Attribute bestimmen ein Bezugswort (meist ein Nomen/Substantiv) näher. Sie sind immer **Teil eines Satzglieds** und bleiben bei der Umstellprobe (→ S. 45) mit ihrem Bezugswort verbunden. Attribute können mehrteilig sein, sie stehen vor oder nach ihrem Bezugswort. Man kann sie mit **Was für …?** erfragen.
Attribute gibt es in unterschiedlichen sprachlichen Formen:
- **Adjektivattribut**, z. B.: *eine intelligente Frau, die kreative Entwicklung*
- **präpositionales Attribut**, z. B.: *eine Maschine zum Geschirrspülen*
- **Genitivattribut**, z. B.: *die Idee der Erfinderin, das Trocknen des Geschirrs*
- **Apposition**, z. B.: *Margarete Steiff, eine gelernte Schneiderin, erfand den Teddy.*

1 a Trenne in den folgenden Sätzen die Satzglieder mit senkrechten Strichen | voneinander ab.
b Wende die Umstellprobe an und notiere je einen Satz mit anderem Satzanfang.
Hinweis: Bilde keine Fragen.

A 1903 | nähte | Margarete Steiff | ein neuartiges Spielzeug zum Schmusen.

____

B Der pelzige Teddybär ist bis heute eine Freude der Kinder.

____

C Josephine Cochran, eine Amerikanerin, erfand 1886 einen hilfreichen Automaten für die Küche.

____

D Der Geschirrspülautomat mit Motor ersetzte mühsames Spülen von Hand.

____

E Windelwechseln ohne Mühe verdanken Eltern der experimentierfreudigen Marion Donovan.

____

F Nach der Erfindung des Windelhöschens entwickelte sie die praktische Windel zum Wegwerfen.

____

2 a Prüfe für die Sätze von Aufgabe 1, welche Satzglieder Attribute enthalten, und unterstreiche diese Attribute.
b Kennzeichne mit einem Pfeil, auf welches Bezugswort sich das jeweilige Attribut bezieht.

1903 | nähte | Margarete Steiff | ein neuartiges Spielzeug zum Schmusen.

Texte überarbeiten mithilfe von Proben

Methode Die Textlupe anwenden: Texte überarbeiten

Die folgenden Proben helfen dir, **genauer zu schreiben** und Texte **stilistisch zu verbessern**.

- **Umstellprobe: Satzanfänge abwechslungsreich gestalten**
  Durch die Umstellprobe kannst du Texte abwechslungsreicher gestalten, z. B. die Satzanfänge:
  Manche berühmten Erfinder | entwickeln | schon als kleines Kind | große Neuerungen.
  Schon als kleines Kind | entwickeln | manche berühmten Erfinder | große Neuerungen.
- **Ersatzprobe: Wortwiederholungen vermeiden**
  Manche berühmten Erfinder entwickeln große Neuerungen. Sie kommen auf verblüffende Ideen.
- **Weglassprobe: Texte straffen, Wiederholungen vermeiden**
  Wenn sie eine Neuerung entwickelt haben, freuen sie sich sehr ~~über diese Neuerung~~.
- **Erweiterungsprobe: Genau und anschaulich schreiben**
  Sie entwickeln manchmal schon als Kind große Neuerungen mit überraschender Wirkung.

1 a Nele hat sich mit witzigen Erfindungen aus Japan beschäftigt.
Im folgenden Text hat sie ihre Informationen zusammengefasst. Lies ihn.

VORSICHT, FEHLER!

„Chindogu" bedeutet auf Japanisch „seltsames Gerät". Chindogus sind hervorragende Erfindungen. Ein Chindogu löst ein alltägliches Problem hervorragend und ungewöhnlich. Chindogus sind aber oft auch ziemlich peinlich.

b Beschreibe, was an Neles Text nicht gelungen ist.

____

____

c Schreibe genauer: Verbessere Neles Text mithilfe der Umstell-, der Ersatz- und der Weglassprobe. Arbeite in deinem Heft.

2 Nele hat einen besonderen Hut beschrieben.
Ihr Lernpartner hat bereits notiert, welche Informationen dem Leser fehlen.
Wende die Erweiterungsprobe an und beschreibe den Hut mithilfe der Abbildung genauer. Schreibe den verbesserten Text in dein Heft.

Ein Chindogu

Dieser Hut ¿ ist sehr praktisch. *Was für ein Hut?*

Wenn Heuschnupfen-Allergiker das Haus verlassen, wird

der Taschentuchhalter ¿ befestigt. *Wo?*

Das längste Taschentuch der Welt rollt sich ¿ ab. *Wie?*

Die Hutträger können sich ¿ die Nase putzen. *Wann?*

Der Papiervorrat ¿ kann immer wieder nachgefüllt werden.

Was für ein Papiervorrat? (Apposition)

Teste dein Wissen!
Satzglieder und Attribute

1 Im folgenden Text sind Satzglieder unterstrichen.
a Bestimme diese Satzglieder und notiere ihre Bezeichnung unter dem Text. (6 Punkte) ☐
b Einige der unterstrichenen Satzglieder enthalten Attribute.
Markiere sie und zeichne für jedes Attribut einen Pfeil zum Bezugswort. (5 Punkte) ☐

Leinwandgöttin mit Erfindergeist

Der Hedy-Lamarr-Preis **A** wird verliehen für besondere Leistungen von Frauen auf dem Gebiet der Nachrichtentechnik. **B** Hedy Lamarr, die Namensgeberin, war ein Hollywoodstar der 1930er und 1940er Jahre. **C** Ihr verdanken wir das Frequenzsprungverfahren, das heute der LAN- und Bluetooth-Technik zugrunde liegt. **D** Aufgrund synchroner Frequenzwechsel bei Sender und Empfänger verhindert dieses Verfahren **E** das Abhören oder Stören eines Funksignals. Hedy Lamarr und ihr Partner George Antheil setzten **F** während der Datenübermittlung mittels Funk 88 Kanäle ein.

A ______ **B** ______ **C** ______

D ______ **E** ______ **F** ______

2 Ordne die in Aufgabe 1 markierten Attribute in die nachfolgende Tabelle ein. (5 Punkte) ☐

Adjektivattribut	**Apposition**
______	______

Genitivattribut	**Präpositionales Attribut**
______	______
______	______

3 Kreuze für jede Aussage die richtige Ergänzung an. (3 Punkte) ☐

A Kein Satzglied ist ☐ das Präpositionalobjekt, ☐ die Apposition, ☐ die adverbiale Bestimmung.
B Es gibt keine adverbiale Bestimmung ☐ des Ortes, ☐ des Grundes, ☐ der Präposition.
C Es gibt ☐ keine adverbiale Bestimmung des Genitivs, ☐ kein Genitivattribut, ☐ kein Genitivobjekt.

Vergleiche deine Ergebnisse mit dem Lösungsheft. Für jede richtige Antwort bekommst du einen Punkt.

☺ **19–16 Punkte**
Gut gemacht!

☺ **15–10 Punkte**
Gar nicht schlecht, aber lies dir das Merkwissen auf den Seiten 45 bis 50 noch einmal genau durch.

☹ **9–0 Punkte**
Arbeite die Seiten 45 bis 50 noch einmal genau durch.

Satzreihen/Satzverbindungen und Satzgefüge

Merkwissen Wiederholung: Die Satzreihe/Satzverbindung (Hauptsatz + Hauptsatz)

Ein Satz, der aus **zwei oder mehr Hauptsätzen** besteht, wird Satzreihe/Satzverbindung genannt.
Die einzelnen Hauptsätze werden durch ein **Komma** voneinander getrennt.
Häufig werden Hauptsätze durch **nebenordnende Konjunktionen** wie *und, oder, aber, doch, sondern, denn* miteinander verbunden. Nur vor den Konjunktionen *und* bzw. *oder* darf das Komma entfallen, z. B.:
Die Erfinderteams überzeugen die Jury(,) oder sie scheiden bereits in der Vorrunde aus. (Komma = kann stehen)
Jugendliche Erfinder erhalten Geld, denn die Jury unterstützt ihre Kreativität. (Komma = muss stehen)

1 a Setze im folgenden Text die fehlenden Kommas.
b Unterstreiche die nebenordnenden Konjunktionen in den Satzreihen/Satzverbindungen.

Die IdeenExpo ist ein Naturwissenschafts- und Technik-Event für Schülerinnen und Schüler diese Veranstaltung findet alle zwei Jahre in Hannover statt. Die Aussteller präsentieren im „größten Klassenzimmer der Welt“ Wissenschaft und Technik zum Anfassen und Mitmachen denn sie möchten das Interesse Jugendlicher wecken. Schülerinnen und Schüler können als Besucher zur IdeenExpo reisen aber einige Jugendliche dürfen auch eigene Nachwuchsprojekte präsentieren. Bis zu 25 Schülerteams werden als Aussteller eingeladen doch vorher müssen sie ihren Erfindergeist im Wettbewerb „Ideenfang“ unter Beweis stellen. Die Sieger vergangener Jahre haben den „sprechenden Schulweg“ entwickelt oder sie haben sturmsichere Regenschirme nach dem Vorbild großer Palmblätter konstruiert. Bei der Auswahl der Jury zählen nicht nur eine innovative Idee und deren technische Umsetzung sondern das Projekt muss auf der IdeenExpo auch Möglichkeiten zum Ausprobieren und Mitmachen anbieten. Gefällt dir eher ein ferngesteuerter Rennbesen oder überzeugt dich der solarbetriebene Schlittschuhwärmer?

2 Füge die folgenden Sätze zu sinnvollen Satzreihen/Satzverbindungen zusammen. Verwende passende nebenordnende Konjunktionen. **Tipp:** Konjunktionen findest du im Merkkasten oben.

A Bis 2011 konnten nur Jugendliche aus Niedersachsen am „Ideenfang“ teilnehmen.
Seit 2013 dürfen alle erfindungsreichen Schülerteams ihre Projekte einreichen.

B Die Gewinnerteams der Zwischenrunde erhalten bereits eine Unterstützung in Höhe von 600 Euro.
Sie müssen eine Präsentation ihres Projekts für die IdeenExpo vorbereiten.

C Die Sieger bekommen nicht nur ein Preisgeld. Ihnen wird auch ein Ausflug in die Welt der Technik spendiert.

Merkwissen Wiederholung: Das Satzgefüge (Hauptsatz + Nebensatz)

Ein Satzgefüge besteht aus **mindestens einem Hauptsatz (HS) und einem Nebensatz (NS)**.
- Nebensätze können nicht ohne Hauptsatz stehen und werden vom Hauptsatz immer durch **Komma** getrennt.
- Der Nebensatz wird mit einer **unterordnenden Konjunktion** (z. B.: *weil, nachdem, obwohl, wenn, während, …*) oder mit einem **Relativpronomen** eingeleitet.
- Im **Hauptsatz steht** die **finite Verbform** in der Regel an **zweiter Satzgliedstelle**.
  Im **Nebensatz** steht die **finite Verbform** an **letzter Stelle**.
- Ein Nebensatz kann vor, hinter oder innerhalb des Hauptsatzes stehen.

Eine Schule wird Erfindergymnasium genannt, weil man dort das Fach „Erfinden" wählen kann.

HS , (Konjunktion) NS .

Weil man dort das Fach „Erfinden" wählen kann, wird eine Schule Erfindergymnasium genannt.

(Konjunktion) NS , HS .

Eine Schule wird, weil man dort das Fach „Erfinden" wählen kann, Erfindergymnasium genannt.

HS , (Konjunktion) NS , HS .

1
a Umkreise jeweils in beiden Teilsätzen die finite Verbform.
b Unterstreiche den Nebensatz.
c Markiere die Konjunktion.
d Zeichne zu jedem Satz einen Satzbauplan.

Weil die Schüler und Schülerinnen nichts für unmöglich halten, erfinden sie die tollsten Dinge.

NS , HS .

A Ein Schüler hat, nachdem er selbst einen Gips tragen musste, einen juckfreien Gipsverband erfunden.

B Eine Gruppe hat ein Handyladegerät für Fahrräder entwickelt, sodass man beim Treten das Handy auflädt.

C Damit die Füße beim Skifahren nicht überraschend erfrieren, wurde ein Erfrierschutzalarm entwickelt.

D Eine Schießautomatik an Hasenställen soll verhindern, dass Marder die Tiere töten.

E Wenn die Tüte mit Schimmelflecken bedruckt ist, wird sicher niemand mehr das Pausenbrot stehlen.

Relativsätze Attribute in Form eines Nebensatzes

Merkwissen Näher erklären mit einem Relativsatz (auch: Attributsatz)

Relativsätze sind **Nebensätze, die ein vorausgehendes Bezugswort** (Nomen/Substantiv oder Pronomen) **näher erklären**. Sie werden mit einem **Relativpronomen** eingeleitet, z. B.: *der, die, das, welcher, welche, welches*. Ein Relativsatz wird immer durch ein **Komma** vom Hauptsatz getrennt. Eingeschobene Relativsätze werden durch zwei Kommas abgetrennt, z. B.: *Ein Nebensatz, der ein Bezugswort näher beschreibt, heißt Relativsatz.* Relativsätze nehmen im Satz die Rolle eines Attributs ein und werden deshalb auch **Attributsätze** genannt.

1 a Setze im folgenden Text die fehlenden Kommas.
b Markiere die Relativpronomen und unterstreiche die Bezugswörter.

VORSICHT, FEHLER!

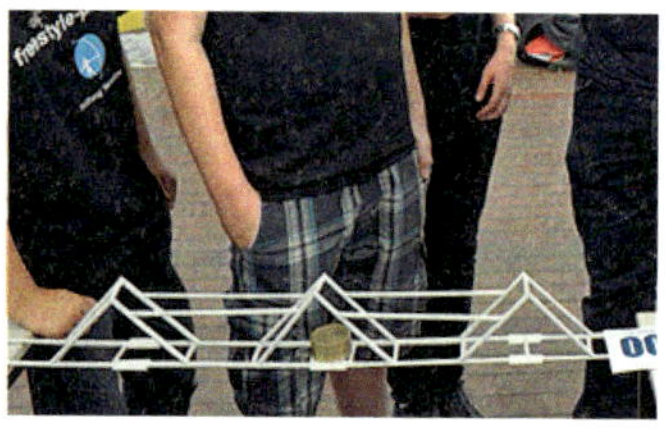

Freestyle-Physics ist ein Schülerwettbewerb, den die Universität Duisburg-Essen durchführt. Hierbei werden jedes Jahr aus dem Bereich der Physik Aufgaben die besonders pfiffige Lösungen benötigen ins Netz gestellt. 2012 musste zum Beispiel eine Brücke aus Papier gebaut werden welche einen Meter Distanz überbrückt und eine Getränkedose trägt. Auch eine Wasserrakete die möglichst lange in der Luft bleibt war gefragt. Beim Finale welches in einem großen Zelt stattfindet werden die besten Ideen präsentiert. Gewinnen werden am Ende die Schülerinnen und Schüler deren Konstruktionen technisch besonders raffiniert sind.

2 a Forme die unterstrichenen Attribute in Relativsätze um.
b Umkreise in deinen Relativsätzen die finite Verbform und markiere die Relativpronomen.

A Schülerinnen und Schüler mit Freude am Experimentieren sind bei diesem Wettbewerb gefragt.

Schülerinnen und Schüler, die

B Die nach Duisburg eingeladenen Schülergruppen werden von einem engagierten Lehrer begleitet.

C Professoren der Universität Duisburg-Essen bewerten die präsentierten Konstruktionen.

D Am Wettbewerb interessierte Jugendliche finden Informationen im Internet unter www.freestylephysics.de.

Gliedsätze unterscheiden

Mit Adverbialsätzen Zusammenhänge herstellen

Merkwissen Die Adverbialsätze

Je nach **Funktion im Satz** unterscheidet man unterschiedliche Arten von Nebensätzen.
Nebensätze können die Stelle von Satzgliedern übernehmen. Man nennt sie dann auch **Gliedsätze**.
Adverbialsätze sind Gliedsätze, weil sie die **Stelle einer adverbialen Bestimmung** einnehmen, z. B.:

Wegen eines Fehlers in der Versuchsanordnung stand der Lehrer plötzlich triefnass da.

adverbiale Bestimmung

↓

Weil ein Fehler in der Versuchsanordnung war, stand der Lehrer plötzlich triefnass da.

Adverbialsatz (mit einleitender Konjunktion *weil*)

Die Regeln für Nebensätze (→ Merkwissen S. 53) gelten auch für Adverbialsätze.

1 Markiere in den folgenden Sätzen die Konjunktionen und zeichne Satzbaupläne (→ S. 53).

Nachdem man ein Glas bis oben mit Wasser gefüllt hat, legt man eine Postkarte darauf.

NS , HS .

A Nun muss man das Glas umdrehen, während man die Postkarte festhält.

B Wenn man jetzt die Postkarte loslässt, bleibt sie am Glas kleben.

2 a Verbinde die folgenden Sätze mithilfe der angebotenen Konjunktion zu Satzgefügen. Schreibe diese auf und achte auf die Kommasetzung.
b Unterstreiche die Adverbialsätze und markiere jeweils die Konjunktion.

A Die Postkarte klebt am Glas. Die Luft drückt stärker von unten als das Wasser von oben. weil

B Die Postkarte sitzt ganz fest am Glasrand. Die Luft kann nicht eindringen. sodass

C Es darf keine Luft ins Glas kommen. Das Experiment gelingt. damit

D Der Versuch wird im luftleeren Raum aufgebaut. Das Experiment misslingt. wenn

Merkwissen Arten von Adverbialsätzen

Mit der **Frageprobe** kannst du ermitteln, welche **Art von Adverbialsatz** vorliegt.

Adverbialsatz	**Frageprobe**	**Konjunktionen**	**Beispiel**
Temporalsatz (Zeit)	Wann …? Seit wann …? Wie lange …?	*nachdem, als, während, bis, bevor, solange, sobald, seit*	*Solange es Menschen gibt*, nutzen sie Wasser.
Kausalsatz (Grund)	Warum …?	*weil, da*	*Weil Wasser nass ist*, ist es zum Waschen nützlich.
Konditionalsatz (Bedingung)	Unter welcher Bedingung …?	*wenn, falls, sofern, unter der Bedingung, dass*	*Wenn Wasser fest ist*, eignet es sich zum Kühlen.
Konsekutivsatz (Folge)	Mit welcher Folge …?	*sodass, als dass (auch: so …, dass)*	Wassermassen sind viel stärker als der Mensch, *sodass Wasser schnell lebensgefährlich werden kann.*
Finalsatz (Absicht, Zweck)	Wozu …?	*damit, auf dass*	Menschen stauen Wasser, *damit sie Strom gewinnen können.*
Modalsatz (Art und Weise)	Wie …?	*indem, dadurch, dass, ohne dass, als (ob)*	*Indem Menschen Wasser zum Trinken bereitstellen*, erhalten sie ihre wichtigste Lebensgrundlage.
Konzessivsatz (Einräumung)	Trotz welcher Umstände …?	*obwohl, obgleich obschon, wenn auch*	Aber Wasser wird häufig verschwendet, *obwohl es lebensnotwendig ist.*

3 a Führe die Frageprobe durch und notiere die Fragewörter in der Randspalte.
Tipp: Die unterstrichenen Angaben müssen immer die Antworten sein.
b Prüfe für jede unterstrichene Angabe, worum es sich handelt, und trage ein:
aB (adverbiale Bestimmung) oder As (Adverbialsatz).

Die Haut des Wassers

Beobachtung: Nachdem du ein Glas randvoll mit Wasser gefüllt hast [As], lässt du vorsichtig Münzen hineinfallen. Das Wasser bildet über dem Glas [ ] eine Kuppe und läuft nicht über, obwohl es nun übervoll ist [ ].

Erklärung: Da die Wassermoleküle sich stark anziehen und zusammenhalten, [ ] entsteht an der Oberfläche [ ] eine Art gespannte Haut. Eine solche Oberflächenspannung lässt sich auf den meisten Flüssigkeiten [ ] beobachten. Auf einer glatten Oberfläche [ ] formt sie Tropfen, indem sie Wasser zusammenzieht [ ].

wann?

4 a Unterstreiche in den folgenden Sätzen die Adverbialsätze und markiere darin die Konjunktionen.
b Bestimme mithilfe der Frageprobe (→ Merkwissen S. 56), um welche Art von Adverbialsatz es sich jeweils handelt. Notiere dies.

A Weil Strom für unser Leben sehr wichtig ist, suchen Menschen nach neuen Energiequellen.

Frage: ______

Art des Adverbialsatzes: ______

B Auch die Kraft der Wellen soll seit 200 Jahren genutzt werden, obwohl sie sehr unberechenbar ist.

Frage: ______

Art des Adverbialsatzes: ______

C Die Wellenkraft wird genutzt, indem das Hin und Her des Wassers in eine Drehbewegung verwandelt wird.

Frage: ______

Art des Adverbialsatzes: ______

D Falls allerdings ein Sturm die Wellen hochpeitscht, ist das Wellenkraftwerk schnell in Gefahr.

Frage: ______

Art des Adverbialsatzes: ______

5 a Unterstreiche im folgenden Text die adverbialen Bestimmungen.
b Wandle sie in Adverbialsätze um. Verwende passende Konjunktionen und achte auf die Kommasetzung.

A Aufgrund der Oberflächenspannung von Wasser können Wasserläufer über ein Gewässer krabbeln.

Weil ______

B Allerdings gehen die Insekten bei Durchstoßen der „Wasserhaut" unter.

______

C Durch Ausnutzen der Oberflächenspannung kannst du Nadeln oder Büroklammern auf Wasser legen.

______

D Das Experiment mit der schwimmenden Büroklammer scheitert bei Verwendung von Spülmittel.

______

E Wegen der durch das Spülmittel verringerten Oberflächenspannung geht die Büroklammer dann unter.

______

Merkwissen Mit Temporalsätzen Zeitverhältnisse ausdrücken

Temporalsätze sind Adverbialsätze, die ein **Zeitverhältnis** ausdrücken. Sie geben an, wann sich das Geschehen im Verhältnis zum Geschehen im Hauptsatz vollzieht. Dabei kann zwischen **Vorzeitigkeit**, **Gleichzeitigkeit** und **Nachzeitigkeit** unterschieden werden.

Hauptsatz: *Die Schüler erkennen die Gefährlichkeit von Wasser, …*

Temporalsätze

… nachdem sie Wasser in heißes Fett geschüttet haben.
← **Vorzeitigkeit:**
Das Ereignis im Temporalsatz liegt **vor** dem Ereignis im Hauptsatz.

… während sie die Fettexplosion beobachten.
↓ **Gleichzeitigkeit:**
Das Ereignis im Temporalsatz verläuft **gleichzeitig** mit dem Ereignis im Hauptsatz.

… bevor sie endlich das Feuer mit einem Glasdeckel ersticken.
→ **Nachzeitigkeit:**
Das Ereignis im Temporalsatz findet **nach** dem Ereignis im Hauptsatz statt.

6 a Unterstreiche im folgenden Text die Temporalsätze.
b Markiere die Konjunktionen.

Wasser als Gefahr

Stell dir diese alltägliche Situation vor: Während Ben in der Küche seine Fischstäbchen brutzelt, klingelt sein Handy. Sein Freund Yannick hatte versprochen sich zu melden, sobald er mit den Hausaufgaben fertig ist. Nun plaudern die beiden am Telefon, bis Ben aus der Küche einen beißenden Geruch wahrnimmt. Nachdem er sich hastig von Yannick verabschiedet hat, stürzt Ben zurück an den Herd. Als er die brennende Pfanne sieht, greift er sofort zur Flasche Mineralwasser auf dem Küchentisch. Er schüttet das Wasser auf die verkohlten Fischstäbchen in die Pfanne. Ehe er die Flasche abstellen kann, breitet sich in der Küche ein gewaltiger Feuerball aus.

Brechen wir an dieser Stelle das Gedankenexperiment ab, bevor Ben sich schwere oder sogar tödliche Verletzungen zuzieht. Was ist passiert? In dem Moment, als Ben das Wasser in das brennende Fett geschüttet hat, ist das Wasser schlagartig verdampft. Dabei entstehen aus einem halben Liter Wasser ungefähr 850 Liter Wasserdampf. Der Wasserdampf schleudert das brennende Fett aus der Pfanne heraus, sodass es sich in der ganzen Küche verteilt. Seit Ben im Chemieunterricht Experimente zur Fettexplosion ausgewertet hat, weiß er, wie er auf brennende Pfannen reagieren sollte: Dem Feuer muss mit einem Deckel die Sauerstoffzufuhr entzogen werden.

●●●7 Bestimme für jeden Temporalsatz von Aufgabe 6, ob das Ereignis gleichzeitig mit oder vor oder nach dem Ereignis im Hauptsatz stattfindet.
Ordne die temporalen Konjunktionen dementsprechend in die Tabelle ein.

Vorzeitigkeit	Gleichzeitigkeit	Nachzeitigkeit
	während	

Subjekt- und Objektsätze

Merkwissen Nebensätze unterscheiden: Subjektsätze und Objektsätze

Nebensätze können die Stelle von Satzgliedern übernehmen. Man nennt sie dann auch **Gliedsätze**. **Subjektsätze** und **Objektsätze** sind Gliedsätze, weil sie die **Rolle des Subjekts** bzw. **des Objekts** für den Hauptsatz übernehmen. Sie lassen sich wie Subjekt oder Objekt durch die Frageprobe ermitteln.

- Subjekt als **Satzglied**: *Der Verantwortliche verlässt bei Gefahr zuletzt den Raum.*
  Subjekt als **Gliedsatz**: *Wer die Verantwortung hat, verlässt bei Gefahr zuletzt den Raum.*
  (Wer oder was verlässt zuletzt den Raum?)
- Objekt als **Satzglied**: *Er erklärt mögliche Gefahren.*
  Objekt als **Gliedsatz**: *Er erklärt, dass Gefahren möglich sind.*
  (Wen oder was erklärt er?)

Subjekt- und **Objektsätze** sind Nebensätze und können nicht ohne Hauptsatz stehen.
Sie werden **immer** durch ein **Komma** vom Hauptsatz abgetrennt.
Subjekt- und Objektsätze können auf unterschiedliche Weise gebildet werden, z. B.:

Satzform	**Subjektsatz** (Wer oder was …?)	**Objektsatz** (Wen oder was …?)
indirekter Fragesatz	*Wie man im Unterricht möglichst gefahrlos experimentierten kann*, wird genau besprochen.	Das Kollegium überlegt, *ob Experimente mit Feuer für die Schule geeignet sind.*
dass-Satz	*Dass bestimmte Experimente gefährlich sind*, leuchtet jedem ein.	Das Kollegium beschließt, *dass Experimente mit Wasser geeigneter sind.*

1 a Unterstreiche in den folgenden Sätzen die Gliedsätze.
b Erfrage, ob es sich jeweils um einen Subjektsatz oder um einen Objektsatz handelt. Notiere die Frage und kreuze an.

	Subjektsatz	Objektsatz
A Die Schülerinnen und Schüler wissen, dass es auf die Erklärung ankommt.	☐	☐
Frage: ______________________		
B Der Lehrer wünscht, dass in Gruppen gearbeitet wird.	☐	☐
Frage: ______________________		
C Wer den Versuch verstanden hat, erklärt ihn den Lernpartnern.	☐	☐
Frage: ______________________		
D Warum der Versuch misslungen ist, kann niemand nachvollziehen.	☐	☐
Frage: ______________________		

●●● 2 Erinnere dich an Experimente mit Wasser, die du als Kind durchgeführt hast. Wähle eins aus und beschreibe deinen Versuch mit Satzgefügen, welche Objekt- oder Subjektsätze enthalten. Das Wortmaterial hilft dir dabei. Schreibe in dein Heft.

ausprobieren, ob … | untersuchen, warum … | (be)merken, dass … | sehen, dass/wie … | überlegen, wie/was/wo … | lernen, dass/wie … | herausfinden, ob/wie … | (nicht) wissen, dass/was … | beobachten, dass/wie … | vermuten, dass … | (un)klar sein, ob … | sich fragen, wie/warum …

3 Unterstreiche in der folgenden Versuchsbeschreibung die Objektsätze grün, die Subjektsätze blau.

Tornado in der Flasche

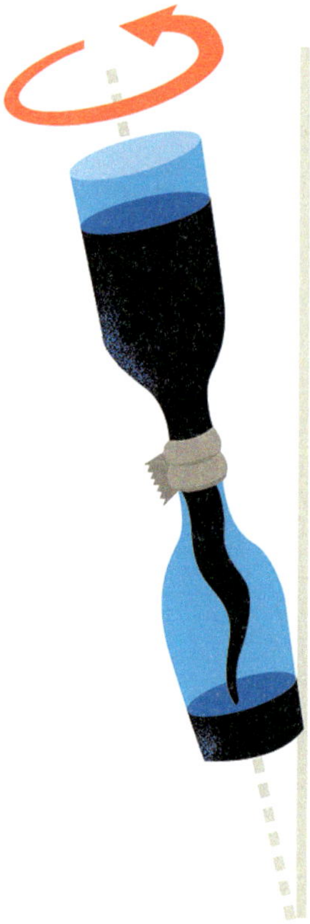

A Wer folgende Vorbereitungen trifft, kann in einer Getränkeflasche einen kleinen Tornado erzeugen. B Beachtet, dass ihr zwei gleiche Plastikflaschen mit Schraubverschlüssen, Klebstoff und Klebeband, einen Bohrer von 10 mm Durchmesser und Wasser benötigt. C Die beiden Rückseiten der Schraubverschlüsse werden gegeneinander verklebt und genau in der Mitte aufgebohrt. D Wie ihr das Loch in die Verschlüsse bohrt, besprecht ihr bitte mit einem Erwachsenen. E Es ist empfehlenswert, dass ihr den angefertigten Doppelverschluss verstärkt, indem ihr ihn mehrfach mit Klebeband umwickelt. F Eine der Flaschen wird nicht vollständig mit Wasser gefüllt. G Ob ihr dem Wasser Glitzerpulver oder Tinte zugebt, ist eure Entscheidung. H Ihr könnt dann besser erkennen, wie sich das Wasser während des Experiments bewegt. I Mithilfe des Doppelverschlusses wird die leere Flasche mit der gefüllten dicht zusammengeschraubt. J Nun dreht ihr die Doppelflasche, damit die gefüllte Flasche oben ist.

Beobachtung: K Ihr stellt fest, dass zunächst nichts passiert. L Wahrscheinlich überrascht es euch, dass kein Wasser aus der oberen in die untere Flasche fließt. M Wenn ihr allerdings die obere Flasche in eine schnelle Kreisbewegung versetzt (siehe Abbildung), könnt ihr beobachten, wie ein trichterförmiger Wasserwirbel entsteht. N Warum Wasser und Luft jetzt ihre Plätze tauschen, erfahrt ihr auf der S. 61.

4 Ersetze in den Sätzen E, H, M und N die Gliedsätze jeweils durch ein Satzglied.
Du kannst die folgenden Wendungen nutzen, aber auch andere verwenden. Schreibe die Sätze auf.

die Verstärkung des … die Bewegung des … das Entstehen eines … die Gründe …

Satz **E**: ______________________

Satz **H**: ______________________

Satz **M**: ______________________

Satz **N**: ______________________

●●●5 Gib die folgenden Äußerungen zusammengefasst wieder. Verwende dazu Subjekt- oder Objektsätze. Schreibe in dein Heft.

> **Tipp** Subjekt- und Objektsätze werden oft im Zusammenhang mit der **Wiedergabe von Äußerungen Dritter** verwendet, z. B.: *Carl erklärt, wie man Tintenflecken entfernen kann.*

Tarik erzählt: „Gestern habe ich einen Tintenfleck im T-Shirt mit Zitronensaft entfernt!"
„Ach was, das schafft ja nicht einmal unser Fleckenlöser in der Waschmaschine", zweifelt Emma.
Doch Carl bestätigt: „Kann schon sein. Wenn du Backpulver in ein bisschen Wasser auflöst, bleicht das Tinte auch aus."

Teste dein Wissen!
Satzgefüge

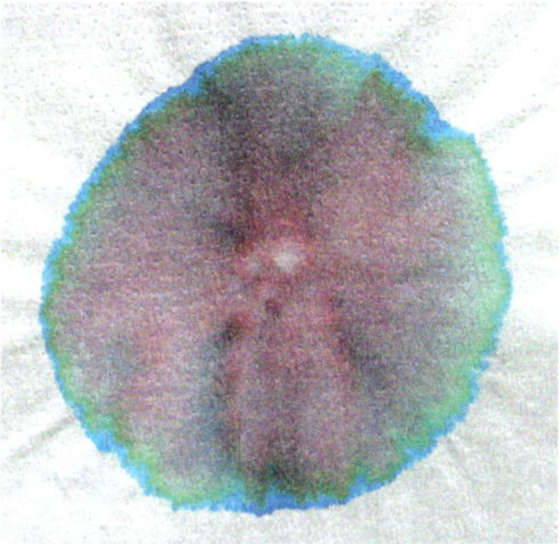

Versuch: Buntes Schwarz

A Du benötigst einen oder mehrere wasserlösliche schwarze Filzstifte, Löschpapier, etwas Wasser, einen alten Teller und eine Pipette. B Falls du keine Pipette hast, kannst du auch vorsichtig von einem Löffel tropfen. C Bevor du beginnen kannst, musst du aus dem Löschpapier einen tellergroßen Kreis ausschneiden. D Damit dein Tisch sauber bleibt, lege nun das Löschpapier auf den Teller. E Male in der Mitte mit dem schwarzen Stift ein Muster, das höchstens einen Durchmesser von zwei Zentimetern hat. F Tropfe nun Wasser in die Mitte des Löschpapiers, ohne dass das ganze Papier nass wird. G Jetzt kannst du beobachten, was auf dem Papier passiert!

Beobachtung: H Nachdem sich die ersten Tropfen in das Löschpapier gesaugt haben, entsteht ein interessantes Muster. I Das Schwarz wird mit dem Wasser auf dem Papier verteilt. J Die Farbe verändert sich, während das Wasser sich nach außen verteilt.

Erklärung: K Schwarz besteht aus verschiedenen Farben. L Diese Farben werden bei dem Experiment getrennt, indem die Farbe in Wasser gelöst wird. M Die unterschiedlichen Farben lösen sich aber unterschiedlich gut im Wasser, sodass die einen schneller, die anderen langsamer auf dem Löschpapier bewegt werden. N Dadurch sieht man sie auf dem Löschpapier jetzt nebeneinander, und man kann nun erkennen, aus welchen Farben Schwarz besteht.

1 Die folgenden Buchstaben beziehen sich auf die obige Versuchsbeschreibung. Bestimme für jeden angegebenen Satz die Art des Gliedsatzes. (6 Punkte)

Satz **B** ____________ Satz **G** ____________

Satz **D** ____________ Satz **L** ____________

Satz **F** ____________ Satz **M** ____________

2 Die Versuchsbeschreibung von Aufgabe 1 enthält drei Temporalsätze: Bestimme ihr Zeitverhältnis zum Hauptsatz und trage die Buchstaben richtig ein. (3 Punkte)

Vorzeitigkeit: ____ Gleichzeitigkeit: ____ Nachzeitigkeit: ____

3 Ein Satzgefüge der Versuchsbeschreibung enthält einen Relativsatz. Notiere seinen Buchstaben und wandle den Relativsatz in ein Attribut um. Schreibe den neuen Satz auf. (2 Punkte)

Satz ____: ____________________

____

Vergleiche deine Ergebnisse mit dem Lösungsheft. Für jede richtige Antwort bekommst du einen Punkt.

☺ **11–9 Punkte**
Gut gemacht!

😐 **8–6 Punkte**
Gar nicht schlecht, aber lies dir das Merkwissen auf den Seiten 53 bis 61 noch einmal genau durch.

☹ **5–0 Punkte**
Arbeite die Seiten 53 bis 61 noch einmal genau durch.

Was kannst du schon?
Rechtschreibung

1 Unterstreiche im folgenden Text die zehn Wörter, die großgeschrieben werden müssen. (10 Punkte)

Die Freizeitgestaltung von kindern in deutschland ist sehr vielfältig. Diese richtet sich nach persönlichen interessen, Begabungen und dem Angebot im näheren wohnumfeld. Auch freunde und die Eltern haben einfluss auf die Wahl der Freizeitaktivitäten. Kinder orientieren sich hierbei auch manchmal an vorbildern aus dem Bereich des Sports oder der literatur. Je nach alter, Geschlecht und Schulart haben Kinder ein unterschiedliches maß an Freizeit.

2 Prüfe für die unterlegten Wörter, ob es sich um Nominalisierungen handelt und unterstreiche den richtigen Anfangsbuchstaben. (7 Punkte)

Eine beliebte Freizeitaktivität ist das T/treffen mit Freunden und das gemeinsame S/spielen. Hierbei ist durchaus auch mal E/entspannen angesagt. Oftmals wollen Kinder mit Freunden auch zusammen F/fernsehen oder am Computer S/spielen. Auch die Teilnahme an Freizeitangeboten von Vereinen muss man beim genaueren B/betrachten des Freizeitverhaltens von Kindern B/berücksichtigen.

3 In diesem Text verstecken sich fünf Adjektive, die kleingeschrieben werden müssen. Unterstreiche sie. (5 Punkte)

Die Frage, welche Freizeitaktivität die Beliebteste ist, kann man nur Schwer beantworten. Jüngere Kinder verbringen ihre Freizeit auch noch gern mit ihrer Familie und möchten am Liebsten etwas Schönes zusammen machen. Ab etwa zwölf Jahren ist der Freundeskreis als Bezugsgruppe am Wichtigsten. Das Größte ist dann für viele Jugendliche das Gemeinsame Sporttreiben in Vereinen.

4 Trenne die Wörter und schreibe diesen Satz in richtiger Groß- und Kleinschreibung auf. (1 Punkt)

____

____

5 Trage im folgenden Text die fehlenden Konsonanten ein. (10 Punkte)

Nicht a_____e Jugendlichen wi_____en mit ihrer freien Zeit etwas Intere_____antes anzufangen. Einige hä_____en mü_____isch in ihrem Zi_____er herum, ohne irgendetwas anzupa_____en. Auf der a_____deren Seite gibt es viele, die gestre_____t von einem Termin zum nächsten he_____en.

6 Prüfe die Schreibweise der folgenden Wörter und trage sie richtig in die nachfolgende Tabelle ein. (10 Punkte)

Minu ? te Ra ? men Za ? l pla ? nen ausfü ? rlich

Belo ? nung Wo ? l befe ? len erle ? ben fa ? ren

Wörter mit einfachem Vokal	Wörter mit Vokal und h

7 Schreibe die folgenden Wörter mit langem i-Laut auf. Was ist richtig: ie, i oder ih? (9 Punkte)

T ? r K ? no z ? rlich verd ? nen gratul ? ren T ? ger s ? ben w ? r ? m

8 Ist der i-Laut in den unterstrichenen Wörtern richtig geschrieben? Kreuze an, ob seine Schreibweise einen Fehler enthält oder nicht. (5 Punkte)

	ein Fehler	kein Fehler
A Den Rat des Trainers nahm Sabrina nih gern an.	☐	☐
B Das Turnier war dennoch wider Erwarten erfolgreich.	☐	☐
C Solch ein Sportereignis sollte nun öfter wiederholt werden.	☐	☐
D Diesem Vorschlag trat niemand entgegen.	☐	☐
E „Man siht", sprach der Trainer, „ich habe immer recht!"	☐	☐

9 a Achte auf den s-Laut: Jeweils ein Wort in jedem Block ist falsch geschrieben. Streiche es durch. (6 Punkte)

A genießen – Genuß – genüsslich – niesen

B Schluß – schließen – Schloss – Verdruss

C Kaufhaus – las – Preisschild – Strauss

D Badespass – nass – Wasser – heiß

E Grüße – Grasmatte – Fussstapfen – blass

F Strasse – fahrlässig – rasen – aufpassen

b Schreibe die durchgestrichenen Wörter in der richtigen Schreibweise auf. (6 Punkte)

10 a Überprüfe deine Lösungen mithilfe des Lösungsheftes. Für jede richtige Antwort bekommst du einen Punkt.
b Trage ein, wie du die Aufgaben bewältigt hast: ✓ = das meiste richtig ? = noch etwas unsicher

Aufgabe	1 ☐	2 ☐	3 ☐	4 ☐	5 ☐	6 ☐	7/8 ☐	9 ☐
Weitere Übungen	S. 65	S. 66	S. 66	S. 65–68	S. 75–76	S. 77	S. 79–80	S. 82–84

Groß- und Kleinschreibung

Wiederholung: Nomen/Substantive erkennen

Merkwissen Nomen/Substantive an ihren Nomensignalen erkennen

Satzanfänge und Nomen/Substantive (zu denen auch Namen gehören) werden **großgeschrieben**. Nomen/Substantive kann man im Satz meist an einem Begleitwort oder mehreren Begleitwörtern erkennen, die ihnen vorausgehen.
Mögliche **Nomensignale** sind:

1 ein **Artikel**, z. B.: *das Kind, ein Recht.*
2 ein **Pronomen** (Possessivpronomen, Demonstrativpronomen, Indefinitpronomen), z. B.: *meine Herkunft, diese Länder.* Indefinitpronomen geben eine ungefähre Menge oder Anzahl an, z. B.: *alle Rechte, viele Chancen.*
3 ein **Adjektiv** oder ein Zahlwort, z. B.: *eine interessante Veranstaltung, große Übereinstimmung, vierzig Jahre.*
4 eine **Präposition**, die mit einem Artikel verschmolzen sein kann, z. B.: *bei Beachtung, beim (bei dem) Tor, im (in dem) Kino.*

1
a Unterstreiche im folgenden Text alle Nomen sowie, wo vorhanden, ihre Nomensignale.
b Notiere: Wie viele Nomen haben kein direktes Nomensignal?
c Prüfe für jedes Nomen mit Nomensignalen: Wie viele Nomensignale hat es? Welche sind dies? Notiere dein Ergebnis: Trage die Ziffern aus dem Merkwissen in der Randspalte ein.

Gibt es ein Grundgesetz für Kinder? 1 4

Über zwanzig Jahre gibt es die UN-Kinderrechtskonvention. Sie ist 1989 von den meisten Ländern der Welt beschlossen worden. Jedes Recht, das hier festgeschrieben wurde, gilt für alle Kinder, unabhängig von ihrer Herkunft, ihrer Hautfarbe und ihrem Geschlecht. Auch wenn diese Grundrechte noch nicht in jedem Land geachtet werden und manchen Kindern noch viele Ungerechtigkeiten widerfahren, gibt die Konvention Ziele vor, die überall auf der Welt gelten. Das Abkommen soll erreichen, dass für alle Kinder zum Beispiel das Recht auf Gleichheit, Ernährung, Wohnung, medizinische Versorgung und Bildung verwirklicht wird. Ein Artikel lautet sogar: „Jedes Kind hat ein Recht auf Freizeit, Spiel und Erholung.“ Jedes Jahr findet ein Weltkindertag statt, an dem zum Beispiel mit gemeinsamen Spielen auf die Rechte von Kindern aufmerksam gemacht wird.

Nominalisierungen

Merkwissen Nominalisierung: Großschreibung von Verben und Adjektiven

Verben und Adjektive schreibt man **groß**, wenn sie **im Satz als Nomen/Substantiv verwendet** werden. Diesen Vorgang nennt man **Nominalisierung**, z. B.: *ein Lärmen, das Beste, unser Ausprobieren, viel Unterhaltsames, freundliches Lächeln, durch Lesen, beim Spielen.*

Du erkennst nominalisierte Wörter an denselben **Nomensignalen** (→ S. 65) wie ein Nomen/Substantiv. Nicht immer wird ein nominalisiertes Wort durch ein Nomensignal angekündigt.

Prüfe in Zweifelsfällen **mit der Erweiterungsprobe**: Wenn du vor einem Wort ein Nomensignal einfügen kannst, ist das Wort ein Nomen/Substantiv oder eine Nominalisierung, z. B.:

Jedes Klicken ermöglicht ↓(das) Einschätzen besser. oder *… ermöglicht ↓(richtiges) Einschätzen besser.*

Tipp: Beim Schreiben kannst du das Nomensignal in Gedanken einfügen.

1 Prüfe mithilfe der Nomensignale die markierten Schreibweisen. Handelt es sich um Nominalisierungen? Unterstreiche den richtigen Anfangsbuchstaben.

Weltkindertag: Kinder haben viel zu tun

Zum V/verstehen der Forderung „Kinder B/brauchen Zeit“ ist ausführliches E/erläutern kaum notwendig. Das Ergebnis einer Online-Umfrage des Deutschen Kinderhilfswerks e. V. im Jahr 2012 zeigt wenig R/rätselhaftes und spricht im W/wesentlichen für sich. Ziel der Befragung war das E/erforschen des Zeitmanagements junger Menschen. Die Frage „Wie verbringt ihr eure Zeit?“ haben rund 2000 Kinder und Jugendliche bis 18 Jahre in einem Wochenplan B/beantwortet. Die Eingabe erfolgte durch gezieltes D/drücken verschiedenfarbiger Buttons.

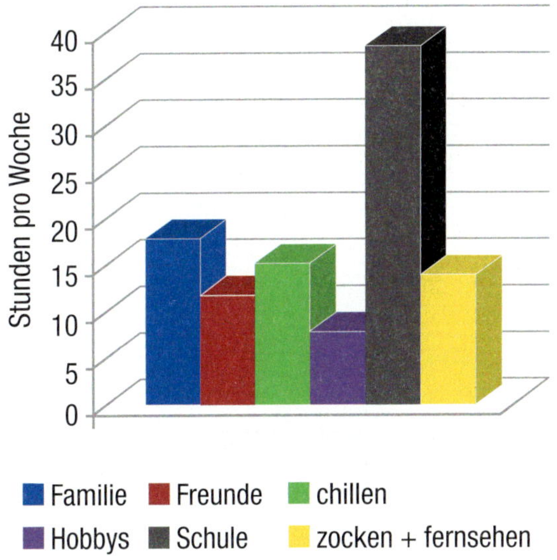

2 Prüfe die Schreibweise der markierten Wörter: Wende die Erweiterungsprobe an, wie im Merkwissen oben erklärt. Unterstreiche den richtigen Anfangsbuchstaben und begründe deine Entscheidung über der Zeile.

Jede Aktivität konnte man durch ↓(das) a/A uswählen einer bestimmten Farbe ↓(…) f/Festlegen. Der Button für Zeiten mit Freunden war in r/Rot gehalten. Für die Familie stand b/Blau. Sehr viele junge Menschen lieben f/Fernsehen oder s/Spielen am Computer. Die Farbe dafür war g/Gelb. Am i/Interessantesten beim b/Befragen war das zu erwartende Ergebnis. Schließlich wissen junge Menschen selbst am b/Besten, welches v/Verwirklichen von Ideen Spaß machte.

Groß- und Kleinschreibung bei Zeitangaben

Merkwissen Groß- und Kleinschreibung bei Tageszeiten und Wochentagen

Bezeichnungen für Wochentage und Tageszeiten werden
- **großgeschrieben, wenn sie Nomen/Substantive sind**. Du erkennst sie an den **Nomensignalen**, z. B.: *der Donnerstag, eines Morgens, am Abend, jeden Sonntag, nächsten Mittwoch.*
- **kleingeschrieben, wenn sie Adverbien sind**, z. B.: *gestern, heute, zeitweise, morgens, sonntags.*

1 Schreibe die in Großbuchstaben angegebenen Zeitangaben in der richtigen Schreibweise in die Lücken.

Schlafen am Nordpol – eine Freizeitbeschäftigung

Bei einem Volk im Norden Kanadas, den Inuit, ärgern sich die Eltern nicht, wenn ihre Kinder am MORGEN __________ nicht FRÜH __________ aus dem Bett kommen. Im Gegenteil, sie ermuntern diese beinahe jeden TAG __________, fast bis zum MITTAG __________ liegen zu bleiben. Das ist für die Mädchen und Jungen MEISTENS __________ traumhaft. Diese Gewohnheit verschwindet jedoch HEUTZUTAGE __________ immer mehr. Aber FRÜHER __________ war sie nützlich, damit man fit für die Robbenjagd war, die OFTMALS __________ bis zu drei TAGEN __________, z. B. von MONTAG __________ bis MITTWOCH __________, dauerte. Da die Jäger am ABEND __________ nicht zum Schlafen nach Hause gingen, gewöhnten sie ihre Kinder schon FRÜHZEITIG __________ daran, auf Vorrat zu schlafen. Im tiefsten Winter darf der Nachwuchs auch HEUTE __________ noch lange ausschlafen und braucht nicht vor MITTAG __________ aufzustehen. Die Inuit glauben an zwei Seelen des Menschen, die „Lebensseele“ und die „Schlafseele“. Wenn man zu PLÖTZLICH __________ aufwacht, gefährdet man seine Schlafseele, die MORGENS __________ in den Körper zurückkommen möchte, den sie NACHTS __________ verlassen hat.

●●●2 Beschreibe deine Schlafgewohnheiten im Heft in einem kurzen Text.
Verwende dazu die angebotenen Bezeichnungen für Tageszeiten und Wochentage.

AN WERKTAGEN | MORGENS | JEDEN SONNTAG | BIS IN DEN SPÄTEN MORGEN | SAMSTAGS | AM ABEND | NACHMITTAGS | AM NÄCHSTEN MORGEN | MONTAGS | MITTAGS

Merkwissen Kombinierte und zusammengesetzte Zeitangaben

Bei **kombinierten Angaben** schreibt man die **Adverbien klein** und die **Nomen/Substantive groß**, z. B.: *heute Morgen, gestern Abend, morgen Mittag.*
Zusammengesetzte Zeitangaben aus Wochentag und Tageszeit schreibt man
- als **Nomen/Substantive groß**, z. B.: *der Mittwochnachmittag, am Montagmorgen,*
- als **Adverbien klein**, z. B.: *mittwochnachmittags, montagmorgens* (meist mit s am Ende).

3 Tim möchte sich mit seinem Freund Stefan verabreden und sucht nach einem geeigneten Termin. Lies seinen Stundenplan und schreibe anschließend Tims SMS an Stefan, indem du die Zeitangaben unter dem Stundenplan verwendest. Achte auf die richtige Schreibweise und abwechslungsreiche Satzanfänge.

~~MORGENABEND~~ | MONTAGS | ÜBERMORGENAMNACHMITTAG | SPÄTNACHMITTAGS | MITTWOCHMITTAGAB14:00UHR | AMMITTWOCHABEND | DONNERSTAGAMSPÄTNACHMITTAG | AMFREITAG | AMSAMSTAGFRÜHMORGENS | AMNACHMITTAG | DENGANZENTAGÜBER

Hallo, Stefan,

leider kann ich morgen Abend nicht, da

Teste dein Wissen!
Groß- und Kleinschreibung

1 Erkläre für jede unterstrichene Wendung im folgenden Text kurz die Schreibweise. (4 Punkte)

Sommer-Vorlesungen für Schülerinnen und Schüler
In den Ferien macht bekanntlich nicht nur **A** das Faulenzen Spaß. **B** Etwas Außergewöhnliches können Jugendliche erleben, wenn sie **C** tagsüber in die Sommer-Uni gehen und den interessanten Vorträgen zuhören. Gut gefiel den jungen Zuhörern **D** heute Morgen die Vorlesung über die Geschichte der Raumfahrt, aber der Vortrag über die Frühzeit des Automobils war mit Abstand **E** der beste.

A: Nominalisierung eines Verbs, ____________________

____

2 Überlege, ob die Adjektive und Verben in den Rahmen groß- oder kleingeschrieben werden müssen. Setze alle Wörter in der richtigen Schreibweise in die Lücken ein. (10 Punkte)

Als etwas ________ aufregendes , so berichten Max und Julian ganz ________ begeistert , erlebten die Zuschauer 1769 den ersten Dampfwagen in Paris. Ganz ________ schwindelig sei ihnen beim ________ betrachten dieses ________ gewaltigen Ungeheuers geworden, das aus unserer heutigen Sicht so langsam wie eine Schnecke gewesen sein müsste. Obwohl Nicholas Cugnot darauf vorbereitet war, dass etwas ________ überraschendes passieren könnte, hatte er wohl nicht damit gerechnet, dass das ________ fahren eines Autos solch ein ________ schwieriges Unternehmen sein würde. Er sei zum ________ entsetzen seiner Zuschauer gegen eine Mauer gefahren, habe jedoch ________ überlebt .

3 Streiche die sieben falsch geschriebenen Zeitangaben durch und schreibe sie verbessert auf. (7 Punkte)

am frühen Morgen | morgen Früh | gestern abend | am Montag | donnerstag Nachmittags | Freitags | jeden Dienstag | Dienstag abends | übermorgen | gestern mittag | spät Nachts

____

____

Vergleiche deine Ergebnisse mit dem Lösungsheft. Für jede richtige Antwort bekommst du einen Punkt.

☺ **21–18 Punkte**
Gut gemacht!

😐 **17–12 Punkte**
Gar nicht schlecht, aber lies dir das Merkwissen auf den Seiten 63 bis 68 noch einmal genau durch.

☹ **11–0 Punkte**
Arbeite die Seiten 63 bis 68 noch einmal genau durch.

Getrennt- und Zusammenschreibung

Merkwissen Wortgruppen aus Nomen/Substantiv + Verb

Wortgruppen aus **Nomen/Substantiv + Verb** werden immer getrennt geschrieben, z. B.:
Tisch schrubben, Schlange stehen, Angst haben, Feuer machen.
Achtung: Werden sie nominalisiert, schreibt man sie zusammen und groß, z. B.:
Das Tischschrubben machte Svenja mehr Spaß als rußiges und verräuchertes Feuermachen.

1 Verbinde die Nomen/Substantive und Verben durch Linien zu sinnvollen Wortgruppen aus Nomen + Verb.

Öfen   Zimmer   Kleidung   Betten   Petroleumlampen   Tisch   Wasser   Socken

ausbessern   anfeuern   machen   ausfegen   abräumen   holen   putzen   stopfen

2 Setze die Wortgruppen von Aufgabe 1 passend in den folgenden Text ein.

Abenteuer 1900

Die 17-jährige Svenja nahm an der Fernsehserie „Abenteuer 1900" teil, in der 20 Personen für zwei Monate in einem speziell dafür eingerichteten Gutshaus unter Bedingungen wie um 1900 lebten. Svenja hatte als Hausmädchen dort harte Arbeitstage: Am frühen Morgen musste sie für die Herrschaften in schweren Eimern __________ und in allen Zimmern die __________, damit es warm wurde. Während die Familie in Ruhe frühstückte, räumte sie deren Schlafzimmer auf, sie musste die __________ und die __________. Weil es im Haus kein elektrisches Licht gab, musste sie außerdem die __________. Nach jeder Mahlzeit sollte sie den __________. Weil ständig irgendetwas kaputtging, musste sie jeden Tag auch __________ und __________.

●●●3 Svenja mag Putzen nicht, aber sie repariert gern etwas. Überlege, welche Tätigkeiten Svenja wohl schwergefallen sind und welche ihr am besten gefallen haben könnten.
Formuliere jeweils einen Satz mit zwei nominalisierten Wortgruppen aus Nomen/Substantiv + Verb.

Das __________ und das __________
sind Svenja sicher schwergefallen.

____

Merkwissen Wortgruppen aus Verb + Verb

Wortgruppen aus **Verb + Verb** können immer **getrennt geschrieben** werden, z. B.:
baden gehen, kennen lernen, besuchen kommen, gelobt werden.
Achtung: Werden sie nominalisiert, schreibt man sie zusammen und groß, z. B.:
Dienstboten hatten wenig Gelegenheit zum Badengehen, manch einer roch darum ein wenig streng.

4 Bilde aus den angebotenen Verben Wortgruppen aus Verb + Verb, die den Text sinnvoll ergänzen. Setze sie ein.

bleiben | vorübergehen | gehen | putzen | gehen | holen | ~~müssen~~ | essen | ~~gewöhnen~~ | üben | baden | stehen | lassen | gehen

Als Dienstmagd im Gutshaus

Svenja hat sich erst daran gewöhnen müssen, den Anweisungen der Mamsell stets wortlos Folge zu leisten. So musste sie stundenlang _______________, bis die Mamsell zufrieden war, und täglich so oft Wasser _______________, bis es für alle Hausbewohner reichte. Sie musste von morgens bis abends nur arbeiten. Während die Herrschaften in den prunkvollen Speisesaal _______________ durften, aßen die Dienstboten in der Gesindeküche. Die Dienstboten durften nur einmal in der Woche _______________ und mussten sich das Badewasser teilen. Wenn sie dem Gutsherrn begegneten, musste sie sofort _______________ und ihn respektvoll _______________.

5 Setze in die Lücken den passenden Ausdruck + *sein* ein.

bereit | anstrengend | vorbei | fertig | bequem | erschöpft

Tipp Wortgruppen mit *sein* werden immer getrennt geschrieben, z. B.: *da sein, leid sein, zurück sein, froh sein, zufrieden sein.*

Svenja musste morgens schon um 5:00 Uhr aufstehen und sofort _______________, mit den Hausarbeiten zu beginnen. Im Lauf des Tages durfte sie nie _______________ und eine Pause machen. Am Abend musste Svenja mit allen ihren Aufgaben _______________, bevor sie ins Bett gehen durfte. Insgesamt musste Svenja feststellen, dass das Leben als Dienstmädchen ziemlich _______________ kann. Dass das Leben einer Schülerin im 21. Jahrhundert hingegen sehr _______________ kann, wurde ihr durch das Leben im Gutshaus erst so richtig klar. Bald werden die zwei Monate im Gutshaus aber _______________.

Merkwissen Wortgruppen aus Adjektiv + Verb

- Wortgruppen aus **Adjektiv + Verb** werden **meist getrennt geschrieben**, z. B.: *übrig bleiben, freundlich tun, gut verdienen, klar denken.*
- Entsteht durch die Verbindung von Adjektiv + Verb ein **Wort mit einer neuen Gesamtbedeutung**, **schreibt man zusammen**, z. B.: *richtigstellen* (= berichtigen), *schwerfallen* (= Mühe bereiten), *blaumachen* (= schwänzen).

In Zweifelsfällen hilft dir die **Ersatzprobe**: Wenn man das Adjektiv austauschen kann, werden Adjektiv + Verb getrennt geschrieben, z. B.: *Der Mann ist schwer gefallen.* → *Der Mann ist schlimm gefallen.*
Kerstin hat den Stuhl blau gestrichen. → *Sigrid hätte ihn grün gestrichen.*

6 Kläre für die folgenden beiden Sätze, welche Schreibweise von „sicher ? gehen" jeweils richtig ist. Achte auf die unterschiedlichen Bedeutungen.

A Im Gutshaus wollten alle Beteiligten ______________________, dass das Projekt gut läuft.

B Abends war das Personal häufig so erschöpft, dass es kaum noch ______________________ konnte.

7 Prüfe bei den folgenden Sätzen, ob zusammen oder getrennt geschrieben werden muss, und fülle die Lücken entsprechend aus.

Als Kind im Gutshaus leben

Die zehnjährigen Zwillinge Lennard und Ansgar waren als Kinder des Gutsherrn die Jüngsten im Gutshaus. Ein Hauslehrer unterrichtete sie, bei dem sie ______________________ gut ? schreiben und ______________________ richtig ? rechnen mussten. Bei ihm durften sie nicht ______________________ blau ? machen. Schließlich wollte der Lehrer ______________________ sicher ? gehen, dass sie auch die französische Sprache und das Klavierspielen ______________________ gut ? lernen. Dabei stellte sich heraus, dass das Zehnjährigen ziemlich ______________________ schwer ? fallen kann. Natürlich konnten die Jungen im Gutshaus nicht ______________________ fern ? sehen, dafür durften sie nachmittags aber reiten oder im Garten spielen.

●●●8 In den folgenden Buchstabenschlangen versteckt sich jeweils eine Wortgruppe aus Adjektiv + Verb, die eine neue Gesamtbedeutung hat. Male die entsprechenden Buchstaben aus.

ANVERUGUSTERSCHWARZFAHRENTERUNVERO

BEGETIEFKÜHLENANSUBERAFTGELETZGKTEE

ABULEGEKKENTEWERPSSCHIEFGEHENLLÖPST

Merkwissen Wortgruppen aus Adverb + Verb und Präposition + Verb

1 Wenn **Adverb + Verb in der Grundform zusammengeschrieben** werden, liegt die **Hauptbetonung** in der Regel vorn **auf dem Adverb**, z. B.: *Alle Dienstboten mussten zusámmenhalten.*
Bei der **Getrenntschreibung** werden Adverb + Verb in der Regel **gleich betont**, z. B.: *Die Handwerker müssen das schwere Brett zusámmen hálten.*
In Zweifelsfällen hilft dir die **Erweiterungsprobe**: Wenn du ein Wort zwischen Adverb + Verb einfügen kannst, schreibst du getrennt, z. B.: *Die Handwerker müssen das schwere Brett zusammen (an die Wand) halten.*

2 **Verbindungen aus Präposition + Verb** schreibt man in der Regel **zusammen**. Die Hauptbetonung liegt bei der Zusammenschreibung vorn auf der Präposition, z. B.: *Will Svenja áussteigen? Oder möchte sie weiter mítmachen?*

9 Fülle im folgenden Interview mit Ansgar die Lücken mithilfe der Verben aus dem Wortspeicher. Kläre jeweils, ob Adverb + Verb getrennt oder zusammengeschrieben werden müssen.

heraus ? finden | zusammen ? spielen | zurecht ? kommen |
heraus ? fordern | hinein ? kommen

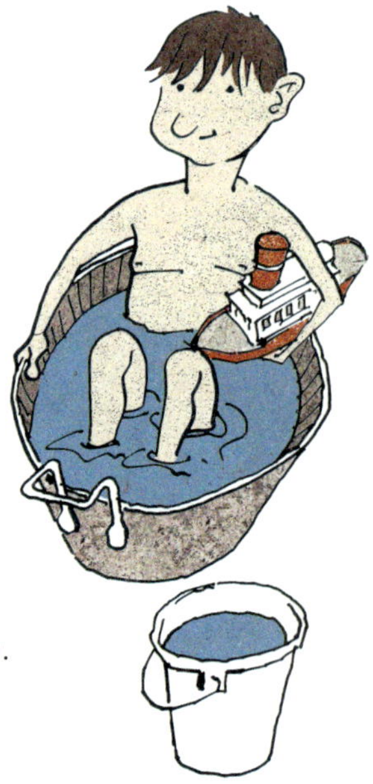

A *Was war in der Zeit dein schönstes Erlebnis?* Ich habe mich gern von schwierigen neuen Hobbys ______ lassen.

B *Und was war die größte Herausforderung?* Ich wollte unbemerkt in die Küche ______ und heimlich etwas naschen.

C *Was war im Haus deine Lieblingsbeschäftigung?* Ich durfte mit den Kindern der Sommergäste ______, zum Beispiel im Heuhaufen.

D *Was hast du am meisten vermisst?* Man kann zwar durchaus ohne fließendes Wasser ______, aber ich habe eine warme Dusche vermisst.

E *Warum bist du ins Gutshaus gezogen?* Ich wollte ______, wie man um 1900 gelebt hat.

10 Bilde aus den angebotenen Präpositionen + Verben passende Verbindungen und setze sie in den Text ein. Eine Präposition musst du zweimal verwenden.

aus | mit | um   probieren | kommen | machen | lassen | gehen

Die Eltern von Lennard und Ansgar wollten beim Experiment „Gutshaus 1900" ______, da sie ______ wollten, wie das Leben um 1900 war. Weil alle ihre sechs Kinder ins Haus ______ durften, konnte die ganze Familie in der Zeit zusammenbleiben. Sie musste sich dabei auf viele neue Herausforderungen einlassen. Gemeinsam hatten sie zum Beispiel zu lernen, wie man mit Dienstpersonal ______ muss.

Teste dein Wissen!
Getrennt- und Zusammenschreibung

1 Kreuze für jede Wortgruppe an, ob sie in der Regel getrennt oder zusammengeschrieben wird. (7 Punkte)

	getrennt	zusammen
A Wortgruppen aus Nomen/Substantiv + Verb	☐	☐
B Wortgruppen aus Verb + Verb	☐	☐
C Wortgruppen mit „sein"	☐	☐
D Wortgruppen aus Adjektiv + Verb, soweit keine neue Bedeutung entsteht	☐	☐
E Wortgruppen aus Adjektiv + Verb, wenn eine neue Gesamtbedeutung entsteht	☐	☐
F Wortgruppen aus Adverb + Verb oder Präposition + Verb, wenn die Hauptbetonung auf dem Adverb bzw. der Präposition liegt	☐	☐
G Wortgruppen aus Adverb + Verb, wenn beide gleich betont werden	☐	☐

2 Notiere jeweils die richtige Schreibweise. (9 Punkte)

Im Rahmen der Projektwoche sollen die 7. Klassen verschiedene Möglichkeiten des sozialen Engagements

__________ aus ? probieren . Sie können sich __________ aus ? suchen ,

in welchen Einrichtungen sie sich __________ sozial ? engagieren möchten.

Einige wollen zur freiwilligen Jugendfeuerwehr, weil man dort lernt, wie man __________

Feuer ? löscht und __________ Erste Hilfe ? leistet .

Andere wollen in einem Seniorenheim für alte Menschen

__________ Einkäufe ? erledigen ,

mit ihnen gemeinsam __________

essen ? gehen oder einfach nur __________

zusammen ? sitzen , damit sie nicht so

__________ allein ? sind .

Vergleiche deine Ergebnisse mit dem Lösungsheft. Für jede richtige Antwort bekommst du einen Punkt.

☺ **16–13 Punkte**
Gut gemacht!

☺ **12–9 Punkte**
Gar nicht schlecht, aber lies dir das Merkwissen auf den Seiten 70 bis 73 noch einmal genau durch.

☹ **8–0 Punkte**
Arbeite die Seiten 70 bis 73 noch einmal genau durch.

Üben macht sicher
Regeln zum Rechtschreiben

Kurze Vokale

Merkwissen Schreibweisen bei betonten kurzen Vokalen

Nach einem **betonten kurzen Vokal** folgen fast immer **zwei** oder mehr **Konsonanten**.
Beim deutlichen Sprechen kannst du sie meist gut unterscheiden, z. B.: *wundern, hüpfen, Sport*.
Hörst du nur einen Konsonanten, wird er verdoppelt, z. B.: ***schnell**, rennen, Mitte*.

1 Unterstreiche im folgenden Text alle Wörter, bei denen der betonte Vokal kurz gesprochen wird, auf den mindestens zwei Konsonanten folgen.

Omar in der Karibik

Omar und seine Eltern wohnen in der Karibik. Hier sind tolle Sandstrände und das Wasser ist immer wunderbar warm. Diese herrliche Gegend besuchen Touristen aus aller Welt. Omar geht fast jeden Tag schwimmen. Er taucht zu Felsen und Korallenriffen und sucht nach bunten Fischen. Durch seine Maske kann Omar unter Wasser sehen, dank seiner Flossen kommt er schnell vorwärts.

2 a Trage die in Aufgabe 1 unterstrichenen Wörter in die folgende Übersicht ein.
b Setze bei jedem Wort einen Punkt unter den betonten kurzen Vokal. Markiere die Konsonanten, die ihm folgen.

A Wörter mit zwei oder mehr verschiedenen Konsonanten nach dem betonten kurzen Vokal

und (4x)

B Wörter mit verdoppeltem Konsonanten nach dem betonten kurzen Vokal

tolle

3 Trage die passenden Reimwörter in die Kästchen ein.

A  _ _ _ _ _, T _ _ _ _, W _ _ _ _

B  _ _ _ _, F _ _ _ _, K _ _ _ _

C  _ _ _ _ _, S _ _ _ _, G _ _ _ _ _

D 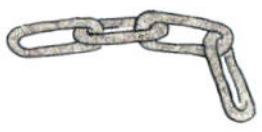 _ _ _ _ _, W _ _ _ _, K _ _ _ _ _

4 Bei den folgenden Wörtern mit tz und ck wurde die Reihenfolge der Buchstaben vertauscht.
a Schreibe das Wort in der richtigen Schreibung auf.
b Bilde zu jedem drei weitere Wörter aus der Wortfamilie. Achte auf die Groß- und Kleinschreibung.

Tipp In der Regel schreibt man **ck** statt kk (z. B.: *Zucker*) und **tz** statt zz (z. B.: *Netze*).
Achtung: ck wird am Zeilenende **nicht getrennt**, z. B.: *Schne-cke, bli-cken, So-cken*.

A baenck *backen, Bäcker*

B tzBil ___

C reckSch ___

D tzkrena ___

E ckeDe ___

5 Fülle die Lücken. Entscheide dabei, ob der fehlende Konsonant nach dem betonten kurzen Vokal verdoppelt werden muss oder nicht bzw. ob tz oder ck einzusetzen ist.

Olja aus Moskau

Olja lebt in einem Vorort von Moskau, der Hauptstadt von Ru___land. Sie besucht die „Kla___ische Tanzschule“, um Tän___erin zu werden. Mit diesem Schulabschlu___ ka___ sie einem professione___en Ba___ettensemble beitreten. Oljas Füße ste___en beim Tan___en in Schuhen aus Sto___. Da diese sehr schne___ verschleißen, braucht sie o___t ein neues Paar. Am liebsten tanzt Olja in einem Rö___chen aus weißer Spi___e, aber beim Üben hat sie meitsens ein einfaches Trikot an. Ihre Haare trägt Olja gern o___en, aber für den Ballettunterricht mu___ sie die Haare zu einem Du___ hochstecken. Olja wo___te schon i___er Tänzerin werden.

●●●6 Ergänze in den folgenden Wörtern ck, k oder kk.

A Ja___e
B perfe___t
C a___tuell
D Ta___t
E Re___ord
F So___e
G Ro___
H Ma___aroni
I o___upieren
J Sa___o
K a___urat
L De___e

Lange Vokale

Merkwissen Schreibweisen bei betonten langen Vokalen: a/ä, e, o/ö und u/ü

1 In den meisten Wörtern wird der **betonte lange Vokal** nur **mit einem Buchstaben** geschrieben. Danach folgt meist nur ein Konsonant, z. B.: *die Frage, böse, raten, der Hüter.* Das gilt besonders für einsilbige Wörter, z. B.: *her, los, für, nur, gut.*

2 Bei einer kleineren Gruppe von Wörtern folgt nach dem betonten langen Vokal (oder Umlaut) ein **h**, z. B.: *sehr, wohl, ungefähr, ähnlich.* Das **h** steht besonders häufig **vor den Konsonanten l, m, n** und **r** und bleibt auch in den verwandten Wörtern erhalten, z. B.: *Jahr – jährlich, Jahreszeit; Ruhm – rühmen, unrühmlich; Wahl – wählen, wählbar; Wohnung – wohnen, wohnlich.*

1 Kläre für jedes der folgenden Wörter, ob es mit h geschrieben wird. Trage den Buchstaben h dann ein.
Tipp: Schlage in Zweifelsfällen in einem Wörterbuch nach.

Ba___n	Sa___ne	Blu___me	schla___gen	vere___ren	erwä___nen
Lü___gen	Ro___re	Mu___t	fü___ren	krö___nen	beso___len
U___rlaub	Fo___len	Sanda___len	ernä___ren	ne___men	belo___nen
Kö___nigin	Na___men	Le___ben	verle___gen	erzä___len	scha___ben
Le___rer	Mö___ren		ke___ren	fa___ren	

2 Ergänze die fehlenden Wörter.
Achtung: Diese Wörter reimen sich zwar, aber jeweils eines wird mit h, eines ohne h geschrieben.

A Ich esse grüne ______________ , zum Nachtisch dann ______________ .

B Auf dem Bau quietscht der ______________ , auf dem Hof kräht der ______________ .

C Egon ist riesig, ein richtiger ______________ , er zeigt seine Größe auf einer ______________ 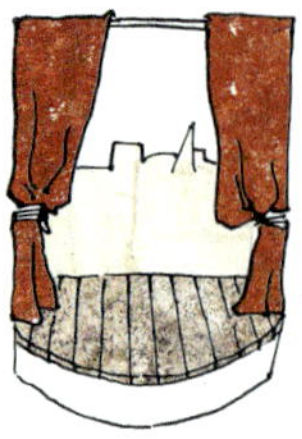.

D Im Feuer knacken die ______________ , im Schießstand knallen die ______________ .

Merkwissen Wörter mit Doppelvokal: aa, ee, oo

Es gibt nur wenige Wörter, in denen der lang gesprochene Vokal durch die Verdopplung gekennzeichnet ist.
Merke sie dir gut:
- **aa**: *der Aal, das Haar, das Paar, der Saal, die Saat, der Staat, die Waage*
- **ee**: *die Beere, das Beet, die Fee, das Heer, der Klee, leer, das Meer, der Schnee, der/die See, die Seele, der Speer, der Teer*
  Dazu kommen **Fremdwörter mit ee** am Wortende, z. B.: *die Idee, der Kaffee, der Tee, das Püree, die Allee.*
- **oo**: *das Boot, doof, das Moor, das Moos, der Zoo*

3 Bilde jeweils die Verkleinerungsform und ein zusammengesetztes Nomen/Substantiv.

Tipp Bei Verkleinerungsformen gibt es keine doppelten Umlaute, z. B.: *der Saal – das Sälchen.*

A Aal ⟶ *das Älchen – der Aalfang*

B Paar ⟶ ____________

C Seele ⟶ ____________

D Boot ⟶ ____________

E Haar ⟶ ____________

4 Notiere zu jedem der folgenden Verben das passende Nomen/Substantiv.

A pürieren ⟶ ________ C frottieren ⟶ ________ E säen ⟶ ________

B wiegen ⟶ ________ D gelieren ⟶ ________ F schneien ⟶ ________

5 Suche ein Verb, das von dem angegebenen Nomen/Substantiv abgeleitet ist. Einige der gesuchten Verben musst du mit Präfixen bilden, z. B.:
Moor ⟶ vermooren

Tipp **Präfixe** (Vorsilben) **für Verben** sind z. B.: *be-, ent-, ver-, zer-.*

A Aal ⟶ ________ D Moos ⟶ ________

B Paar ⟶ ________ E Haar ⟶ ________ G Teer ⟶ ________

C Seele ⟶ ________ F Staat ⟶ ________ H Heer ⟶ ________

●●●6 In jedem der beiden folgenden Sätze ist ein Wort mit Doppelvokal gesucht. Finde es und trage es ein. Achte auf die richtige Schreibweise.

A Das ____grundstück bot ____wärts einen wunderbaren ____blick auf ____tüchtige Segelboote, die bei ____wind in ____stachen und am ____ufer die ____rosen zurückließen.

B Im ____ war der ____boden schon so lange ____ig, dass es ungezählte ____leichen von ____hühnern gab, die nun bis in alle Ewigkeit ein ____bad nehmen.

Wörter mit langem i

Merkwissen Schreibweisen für Wörter mit langem i: ie, i, ih und ieh

- **Wörter mit ie**: Mehr als drei Viertel aller Wörter mit lang gesprochenem **i** werden mit **ie** geschrieben. Das ist also **die häufigste Schreibweise**, z. B.: *lieben, der Dieb, das Knie, hier, wie, schief.*
- **Wörter mit i**: Manchmal wird das lang gesprochene **i** durch den Einzelbuchstaben **i** wiedergegeben, z. B.: *mir, dir, wir, der Igel, die Bibel, das Kino, das Kaninchen, Margarine, Apfelsine.*
- **Wörter mit ih**: Nur in einigen Personalpronomen wird das lange **i** als **ih** geschrieben, z. B.: *ihr, ihm, ihn, ihnen, ihre.*

1 a Finde die Reimwörter, die in den Bildern versteckt sind.
b Denke dir zu jedem Reimpaar einen kurzen Zweizeiler aus. Schreibe diese in dein Heft.

2 Auf der Rennstrecke reihen sich Wörter mit einfachem i aneinander.
Trenne sie ab und schreibe jedes Nomen/Substantiv mit seinem Artikel auf.

3 Trage in den folgenden Text die fehlenden Pronomen ein. Achte auf den richtigen Kasus (Fall).

Frau Müller, die Lehrerin, tobt: Die Schülerinnen und Schüler ________ Klasse 7 a vernachlässigen ________ Rechtschreibung. Sie haben noch nicht verstanden, dass es ________ eigenen Noten sind, die unter ________ Faulenzerei leiden. Es wäre gut, die Klasse würde ________ zeigen, dass sie es besser kann.

4 Buchstabensalat! Entwirre die Nomen/Substantive und schreibe sie auf.

WALINE PFLEASINE RAGDINE LARPINE

UKSINE TUORINE ORSINE TNAKINE

5 Bilde mit den angebotenen Wortbausteinen Nomen/Substantive mit den Endungen -ie oder -ier und trage sie in die Übersicht ein.

~~Melod-~~ | Klav- | Garant- | Bürokrat- | Kop- | Rev- | Pion- | Theor- | Energ- | Pap- | Droger- | Juwel- | Kur- | Lotter- | Turn- | Man- | Harmon- | Monarch- | Reg- | Sinfon- | Allerg- | Offiz-

Tipp
- In den **fremdsprachigen Endungen -ie, -ier, -ieren** wird das lang gesprochene **i** mit **ie** geschrieben, z. B.: *Industrie, Scharnier, marschieren.*
- In der **fremdsprachigen Endung -iv** wird das lang gesprochene **i** mit **i** geschrieben, z. B.: *passiv, relativ, Nominativ.*

Nomen/Substantive mit -ie: *Melodie,*

Nomen/Substantive mit -ier:

6 Leite von den folgenden Verben Adjektive mit der Endung -bar ab und schreibe sie auf.

~~korrigieren~~ | dosieren | addieren | programmieren | kontrollieren | regieren | strapazieren | dividieren | realisieren | konservieren

korrigierbar,

7 Gesucht werden Fremdwörter mit der Endung -iv:

- die lateinischen Begriffe für die vier Fälle:
- die lateinischen Begriffe für Tatform und Leideform:
- die lateinischen Begriffe für Wirklichkeitsform und Möglichkeitsform:

Teste dein Wissen!
Kurze und lange Vokale

1 Kläre die Schreibweise der Lückenwörter.
Ergänze fehlende Buchstaben, wo es nötig ist. (14 Punkte)

Fototechni___k: Stra___lend schö___ne Bilder!

Es geht hi___r um die Licht- und Schat___enseiten des Fotogra-fi___rens! Schli___ßlich ist es entscheidend für eure Bilder, ob i___r zur Mit___agszeit oder in der Däm___erung, bei Kunst- oder mit Ge___genlicht fotografiert. Achtet da___rum nicht zuletzt darauf, aus welcher Richtung das Licht auf euer Moti___v fäl___t.

2 a Unterstreiche im folgenden Text 14 Fehlerwörter. (14 Punkte)
b Berichtige die Fehlerwörter in deinem Heft und schreibe, wo möglich, zwei Beispiele aus der Wortfamilie dazu. (14 Punkte)

Tipps für tole Aufnamen

Wenn mitags die Sonne fast senkrecht am Himel steht, ist das Licht hart. Weicher wirkt es, je weiter seine Quele entfehrnt und je größer die Fläche ist, von der es abstralen kann, etwa ein bewöhlkter Horizont. Fotografirt ihr mit Geegenlicht, werden die Bilder meist zihmlich düster. Schahde, wenn ihr schöne Porträts schißen wolltet. Aber genau richtig, wenn eure Bilder aussehen sollen wie Schehrenschnitte.

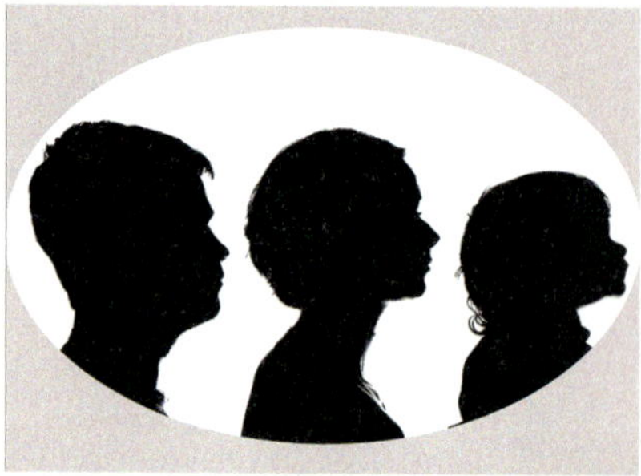

3 Kreuze für jede der folgenden Aussagen an, ob sie richtig oder falsch ist. (5 Punkte)

		richtig	falsch
A	Nach einem betonten kurzen Vokal folgt immer ein Doppelkonsonant.	☐	☐
B	Wörter mit **kk** kommen im Deutschen nicht vor.	☐	☐
C	Nach einem betonten langen Vokal und vor **l**, **m**, **n**, **r** steht häufig ein **h**.	☐	☐
D	Das lange **i** wird meistens mit einfachem **i**, manchmal mit **ie** geschrieben.	☐	☐
E	In den fremdsprachigen Endungen **-ie**, **-ier**, **-ieren** wird das lang gesprochene **i** mit **ie** geschrieben.	☐	☐

Vergleiche deine Ergebnisse mit dem Lösungsheft. Für jede richtige Antwort bekommst du einen Punkt.

☺ **47–37 Punkte**
Gut gemacht!

😐 **36–26 Punkte**
Gar nicht schlecht, aber lies dir das Merkwissen auf den Seiten 75 bis 80 noch einmal genau durch.

☹ **25–0 Punkte**
Arbeite die Seiten 75 bis 80 noch einmal genau durch.

Die Schreibung der s-Laute

Merkwissen Schreibweisen der s-Laute: s und ß

1 Das **stimmhafte s** (= weicher, gesummter Laut) wird **immer mit einfachem s** geschrieben, z. B.: *Rose, blasen, böse, also*.

2 Das **stimmlose s** (= harter, zischender Laut) wird **nach einem betonten langen Vokal** oder **nach einem Diphthong** (Doppellaut: *ei, ai, au, äu, eu*) **mit ß** geschrieben, z. B.: *schließen, außer, Schoß*.
Prüfe am Wortende mit der **Verlängerungsprobe**:
- Bleibt der s-Laut stimmlos, schreibst du **ß**, z. B. *Fleiß* ⟶ *fleißig*.
- Wird der stimmlose s-Laut im verlängerten Wort stimmhaft, wird das Wort mit einem einfachen **s** geschrieben, z. B.: *uns* ⟶ *unser, Gras* ⟶ *Gräser*.

1 Bilde Wörter mit ß und schreibe sie auf.

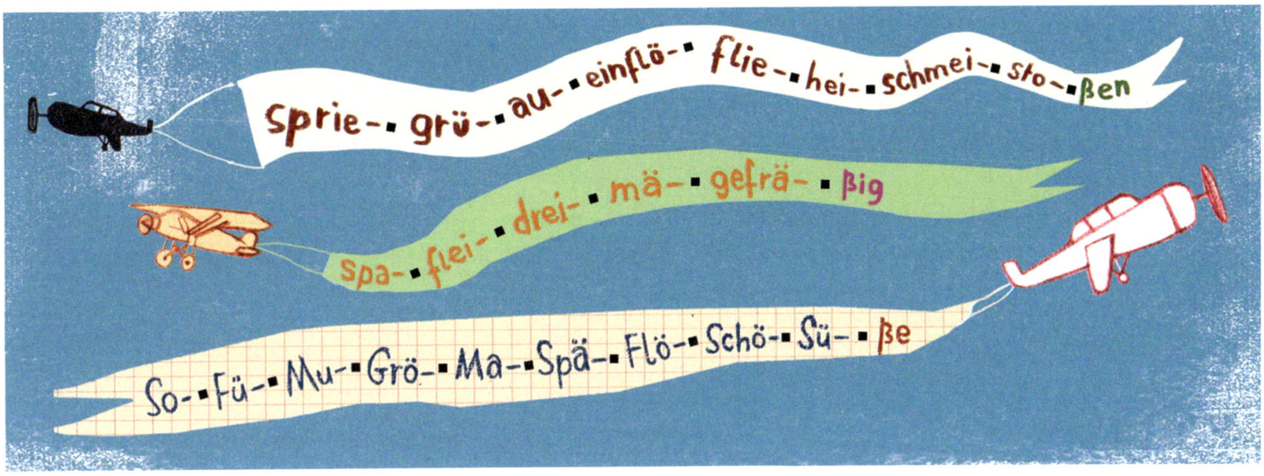

sprießen, ________________

____

spaßig, ________________

Soße, ________________

2 Was ist hier abgebildet? Notiere jedes Nomen/Substantiv mit einer Verlängerung.
Achte auf die Schreibweise des s-Lauts.

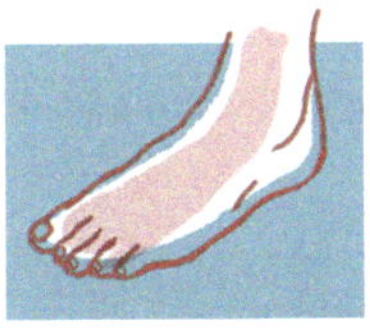

Merkwissen Schreibweise für den s-Laut nach einem betonten kurzen Vokal: ss

Nach einem betonten kurzen Vokal wird das **stimmlose s** (= harter, gezischter **s**-Laut) meist mit **ss** geschrieben, z. B.: *küssen, Messer, massig*.

1 a Wie kommst du vom ersten zum letzten Wort? Pro Zeile darfst du nur einen Buchstaben austauschen.
b Wähle eine Zeile aus und schreibe mit jedem Wort aus dieser Zeile einen Satz in dein Heft.

B	O	S	S
N	U	S	S

W	E	S	S	E	N
K	I	S	S	E	N

B	I	S	S
G	U	S	S

F	A	S	S	E	N
K	Ü	S	S	E	N

2 Bilde mit den angebotenen Wörtern und dem Präfix miss- neue Wörter.
Trage diese nach Wortarten sortiert in die Tabelle ein.

~~-trauen~~ | -launig | -klang | -achten | -ernte | -erfolg | -gönnen | -liebig | -günstig | ~~-trauisch~~ | -griff | -lingen | -geschick | -verhältnis | -billigen | -mutig | -raten | -verstehen | -verständlich

Nomen/Substantiv	**Verb**	**Adjektiv**
Misstrauen,	*misstrauen,*	*misstrauisch,*

3 Bilde zu den folgenden Verben Nomen/Substantive mit dem Suffix -nis.
Schreibe Singular und Plural auf.

~~ärgern~~ | hindern | geschehen | bekennen | vorkommen | erfordern | verhalten | erkennen | gestehen

Tipp Bei Nomen/Substantiven mit dem **Suffix -nis** verdoppelt sich das **s** im Plural:
das Ereignis – die Ereignisse.

Ärgernis – Ärgernisse,

Merkwissen Wechsel von ss und ß in Wortfamilien

Manche **Verben** haben in ihren Verbformen einen Wechsel von **ss** und **ß**, z. B.: *fließen – es floss, lassen – er ließ, wissen – ich weiß.*
Auch bei **verwandten Wörtern** können **ss** und **ß** wechseln, z. B.: *genießen – der Genuss, beißen – der Biss.*
Auch bei diesen Wörtern gilt:
- Nach einem **betonten kurzen Vokal** schreibt man **ss**, z. B.: *der Fluss.*
- Nach einem **betonten langen Vokal** oder einem **Diphthong** schreibt man **ß**, z. B.: *das Floß, fließen.*

4 Ergänze in der folgenden Tabelle die gesuchten Verbformen.

Infinitiv	Präsens Singular	Präteritum Singular	Nomen/Substantiv
erla_ss_en	er erlä___t	sie erlie___	der Erla___
___	sie stö___t	___	___
___	___	___	der Beschlu___
___	___	er verga___	___
genie___en	___	___	___
___	sie mi___t	___	___
___	___	___	der Bi___
schie___en	___	___	___

●●●5 Trage in die Lücken des folgenden Textes jeweils den richtigen s-Laut ein: s, ss oder ß.

Der blaue Planet

Un___ere Erde wird oft „der blaue Planet" genannt, denn das mei___te auf ihr ist Wa___er. Eigentlich mü___te sie daher „Wa___er" hei___en und nicht „Erde"! Der grö___te Teil dieser Flü___igkeit – 97 Prozent – ist leider das Salzwa___er in Meeren und Ozeanen. Sü___wa___er gibt es nur in Flü___en und Seen, au___erdem am Nord- und Südpol und als Gletscher in Form von Ei___. Das Wa___er auf der Erde rei___t sozusagen immerzu im Krei___ herum – darum sprechen wir auch von Wa___erkrei___lauf. Nicht überall auf der Erde gibt es genug von diesem kostbaren Na___, de___halb sollten wir spar___am und umsichtig damit umgehen. Dazu kann man zum Beispiel Regen für die Gartenbewä___erung in einer Tonne sammeln, das Auto in einer Waschstra___e mit geschlo___enem Krei___lauf waschen und beim Zähneputzen das Wa___er nicht weiter flie___en la___en.

„das“ oder „dass“?

Merkwissen Relativpronomen (das) oder Konjunktion (dass)?

Zu Beginn eines Nebensatzes wird das **Relativpronomen *das* häufig verwechselt** mit der **Konjunktion *dass***. Prüfe mit der **Ersatzprobe**:
- Kann *das* durch *welches* ersetzt werden, wird es mit einem **s** geschrieben, z. B.: *Das Auto, ~~das~~ welches bis zum Rand vollgepackt ist, steht vor dem Haus.*
- Die Konjunktion *dass* kann nicht ersetzt werden, z. B.: *Mir gefällt es, dass ich so viele Geschwister habe.*

1 Entscheide für die folgenden Sätze jeweils, ob es sich um das Relativpronomen das oder um die Konjunktion dass handelt. Führe die Ersatzprobe durch und streiche das falsche Wort.

Morgens in der Großfamilie

Wie klappt es, das/dass morgens alle pünktlich aufstehen, frühstücken und pünktlich losgehen? Das Radio, das/dass auf 6:25 Uhr programmiert ist, hört man in allen Zimmern. Mama und Papa sorgen abwechselnd dafür, das/dass unsere Pausenbrotboxen gefüllt werden. Im Bad ist so viel Platz am Waschbecken, das/dass wir drei Mädchen uns gleichzeitig die Zähne putzen können. Das Honigglas, das/dass reihum wandert, reicht meistens nur für zwei Tage. Das Telefon, das/dass um 7:23 Uhr wie ein Wecker läutet, sagt, das/dass jetzt alle aufbrechen müssen.

2 Trage ein: das oder dass.

Urlaub mit der Großfamilie

Daran, ______ wir tagelang packen, merkt auch der letzte Nachbar, ______ wir bald verreisen. Wir, ______ sind meine fünf Geschwister, unsere Eltern und ich, Gianna. 16 Koffer und Taschen zählte im vergangenen Sommer unser Gepäck, ______ sich im Flur bald übereinanderstapelte. Ich war froh, ______ ich wenigstens noch zu meinem Bett durchkam. Auch wir Kinder packen. Klar ist es manchmal nervig, ______ wir alle mithelfen müssen. Aber so hat man das schöne Gefühl, ______ der Urlaub immer näher kommt. Unser Auto, ______ ein Bus mit acht Plätzen ist, reicht gerade eben für unsere Familie aus. Als Großfamilie im Urlaub zu sein, ist schön und schlimm zugleich. Schlimm ist, ______ es dann mehr Streit und weniger Süßigkeiten gibt. Schade ist auch, ______ unsere Unternehmungen nicht bei allen gleichermaßen beliebt sind. Gemeinsam eine Bergtour zu machen zum Beispiel, finden die Kleinen viel zu anstrengend, aber die Großen langweilen sich. Das vielleicht Schönste am Urlaub in einer Großfamilie ist, ______ ständig irgendetwas passiert.

Teste dein Wissen!
Die s-Laute, „das" oder „dass"?

1 s, ss oder ß? Trage richtig in die Lücken des folgenden Textes ein. (16 Punkte)

Leben auf Energiesparflamme

Wir leben in einem Experiment: Wir testen im Auftrag des Stadtentwicklungsministeriums ein Energiesparhau____. Wir probieren ein Jahr lang aus, wie es sich in einem solchen Hau____ leben lä____t. Es hat Solarzellen auf dem Dach und an einer Au____enwand. Anfangs gab es Pannen. Zum Beispiel hat die Katze den Bewegungsmelder ausgelö____t und damit das Licht angemacht. Man kann das Hau____ aus der Ferne mit dem Handy steuern. Da____ ist praktisch: Wenn ich meinen Schlü____el verge____en habe, rufe ich einfach Papa an. Der entriegelt mit seinem Handy das Türschlo____. Was anders geworden i____t: Ich dusche jetzt länger, nehme auch mal ein hei____es Bad und la____e mein Radio an, wenn ich gerade einmal nicht im Zimmer bin. Ein schlechtes Gewi____en habe ich dabei nicht, ich wei____ ja, da____ unsere Energie direkt von der Sonne kommt.

2 das oder dass? Ergänze entsprechend. (6 Punkte)

Wie Häuser Energie fressen

Da____ in Gebäuden sehr viel Energie verbraucht wird, zum Beispiel für die Heizung, warmes Wasser oder Elektrogeräte, weiß jedes Kind. Und es weiß auch, da____ dies teuer für die Bewohner und schlecht für die Umwelt ist. Denn wo Energie verbraucht wird, entsteht meist CO_2, ein Gas, da____ schädlich fürs Klima ist. In Deutschland gibt die Regierung deshalb Geld aus, da____ zwar nicht alle Hausbesitzer zum Energiesparen anregt, aber doch einige. Wir alle sollten anerkennen, da____ viele Menschen ihre Häuser so umbauen, da____ diese selbst Energie erzeugen können – etwa durch eine Solaranlage.

Vergleiche deine Ergebnisse mit dem Lösungsheft. Für jede richtige Antwort bekommst du einen Punkt.

☺ **22–18 Punkte**
Gut gemacht!

😐 **17–13 Punkte**
Gar nicht schlecht, aber lies dir das Merkwissen auf den Seiten 82 bis 84 noch einmal genau durch.

☹ **12–0 Punkte**
Arbeite die Seiten 82 bis 84 noch einmal genau durch.

Zeichensetzung

Das Komma zwischen Sätzen

Merkwissen Die Kommasetzung in Satzreihe/Satzverbindung (HS + HS) und Satzgefüge (HS + NS)

- Die einzelnen **Hauptsätze einer Satzreihe/Satzverbindung** (→ S. 52) werden durch ein **Komma** voneinander getrennt. Sie können durch die nebenordnenden **Konjunktionen** *und, oder, aber, doch, sondern, denn* verknüpft werden, z. B.: *Jedes Land hat typische Speisen, aber auch das Benehmen am Esstisch ist weltweit unterschiedlich.* Nur vor *und* bzw. *oder* darf das Komma entfallen, z. B.: *Man isst anders (,) und man benimmt sich anders.*
- Im **Satzgefüge** (→ S. 53–54) kann der Nebensatz vor, zwischen oder nach dem Hauptsatz stehen. **Zwischen Hauptsatz und Nebensatz** muss **immer ein Komma** stehen, z. B.: *Reisende, die andere Länder besuchen, lernen unterschiedliche Tischsitten kennen.*
  Ein Satzgefüge kann mehrere Nebensätze enthalten. Alle Nebensätze werden mit einem Komma abgetrennt, z. B.: *Wenn man durch die Welt reist, ist es überall unterschiedlich, was als gutes Benehmen gilt.*

Folgende Wörter können **Nebensätze einleiten**:

unterordnende **Konjunktionen**	*nachdem, wenn, obwohl, weil, dass, indem …*	*Wenn man die Tischsitten nicht kennt, kann man sich blamieren.*
Fragewörter und **ob**	*wann, woher, warum, weshalb, wie, wo, ob …*	*Ich weiß nicht, wie man Essstäbchen benutzt.*
Relativpronomen	*der, die das, welcher, welche, welches*	*Ein Kind, das mit vollem Mund spricht, versteht man schlecht.*

1
a Setze im folgenden Text die fehlenden Kommas.
b Unterstreiche die beiden Satzreihen/Satzverbindungen gelb und markiere die verknüpfende Konjunktion.
c Unterstreiche die Satzgefüge blau und markiere die Wörter, die Nebensätze einleiten.

Ein Blick über den Tellerrand

Sicher kennst du einige Regeln wie du dich am Esstisch benehmen sollst. Eine Aufforderung die Kinder bei uns oft zu hören bekommen lautet: Iss deinen Teller leer! Bei uns gilt es als höflich wenn man seine Speisen aufisst. Der leere Teller freut die Köchin weil er signalisiert dass es dir geschmeckt hat. Bei einem Besuch in Russland solltest du diese Regel aber außer Acht lassen denn der Koch wird sonst enttäuscht sein. Ein Teller welcher leer gegessen ist weckt beim Koch die Frage ob er zu wenig zubereitet hat. Indem du aus Höflichkeit einen Rest auf dem Teller lässt lobst du in Russland die Kochkunst des Hauses.

Wenn man in die USA reist kann man auch einen Unterschied zu unseren Essgewohnheiten beobachten. Die US-Amerikaner halten beim Essen nicht Messer und Gabel in den Händen sondern eine Hand bleibt frei und liegt im Schoß. Es ist unklar ob diese Tischsitte tatsächlich auf die Zeit des Wilden Westens zurückgeht. Weil man damals jederzeit bereit für eine Schießerei sein musste soll eine Hand stets an der Waffe gelegen haben. Heutzutage essen jedenfalls die meisten US-Amerikaner nur mit der Gabel nachdem sie zuvor ihr Fleisch und andere Speisen zerschnitten haben.

2 a Setze in den folgenden Sätzen die fehlenden Kommas und umkreise die gebeugten Verbformen.
b Trage für jeden Satz die Ziffer des passenden Satzbauplans ein und zeichne diesen darunter.

Beschreibungen der Satzbaupläne:

1 1 HS + 1 NS, 1 Komma
2 2 HS, 1 Komma muss stehen
3 1 NS + 2 HS, 2 Kommas
4 1 HS + 1 NS, 2 Kommas
5 2 HS + 1 NS, 2 Kommas
6 2 HS, 1 Komma kann stehen

Asiatische Tischsitten

A [4] Die Tischsitten, die in asiatischen Ländern gelten, unterscheiden sich stark von den europäischen.
HS NS HS

B [ ] In China ist zum Beispiel das Schlürfen üblich und es darf mit vollem Mund gesprochen werden.

C [ ] Das Ansaugen der Suppe ist durchaus sinnvoll denn dadurch kommt Luft in den Mund die das Aroma der Speisen verstärkt.

D [ ] Ältere Menschen werden bei Tisch besonders umsorgt indem man ihnen mit dem eigenen Essstäbchen leckere Bissen reicht.

E [ ] Gräten oder kleine Knochen dürfen auf den Tisch gespuckt werden aber das Niesen oder gar Schnäuzen ist streng verboten.

F [ ] Während bei uns keiner bei Tisch Fleischreste mit den Fingern aus den Zähnen ziehen sollte kann man das in Asien unbeschwert tun denn niemand findet dieses Verhalten unappetitlich.

●●●3 a Im folgenden Text fehlen die Satzzeichen. Zerlege ihn sinnvoll in mehrere Sätze.
b Schreibe den Text mit richtiger Zeichensetzung in dein Heft.
Tipp: Achte dabei auch auf die Großschreibung am Satzanfang und auf den Punkt am Satzschluss.

Obwohl es nicht ganz einfach ist lernen chinesische Kinder das Essen mit Stäbchen schon im Kindergarten Wissenschaftler betonen dass dies das Gehirn trainiert denn die Koordination von Essen Stäbchen und Mund ist anspruchsvoll alle Kinder in Asien wissen dass man mit Stäbchen nicht auf andere Leute zeigt sie dürfen das Essen nicht aufspießen obwohl das manchmal leichter wäre außerdem lernen die Kinder dass man Stäbchen nicht senkrecht in die Reisschale steckt das macht man nur bei einer Trauerfeier damit der Verstorbene im Himmel auf den das Stäbchen zeigt symbolisch mitessen kann

Das Komma bei Aufzählungen, Appositionen und Erläuterungen

Merkwissen Die Kommasetzung bei Aufzählungen

Wörter und Wortgruppen in Aufzählungen werden **durch Kommas abgetrennt**, z. B.:
Reisen in ferne Länder benötigen eine gute Vorbereitung, ausreichend viel Mut, große Lust auf Abenteuer.
Dies gilt auch, wenn das Wort oder die Wortgruppe durch nebenordnende Konjunktionen wie *aber, jedoch, sondern, doch* eingeleitet wird, z. B.: *Erleben wird man viel Schönes, aber auch Ungewohntes.*
Achtung: Kein Komma steht vor den nebenordnenden Konjunktionen *und, oder, sowie, entweder … oder, sowohl … als auch*, z. B.: *Reisen benötigen Vorbereitung, Mut und Lust auf Abenteuer.*
Schwierig kann sowohl die Verständigung als auch das Essen sein.

1 a Unterstreiche im folgenden Text die Aufzählungen.
b Setze die fehlenden Kommas.

Mahlzeiten in China

Wer als Tourist oder als Geschäftsmann nach China kommt, sollte damit rechnen, dass er nicht nur ungewohnte Tischsitten sondern auch einige Geschmacksabenteuer erleben wird. So wird in China zum Beispiel neben dem Fleisch von Schwein Rind und Huhn auch Hundefleisch verarbeitet. Milch Joghurt Käse und andere Milchprodukte werden hingegen nur selten verwendet, da viele Chinesen den Milchzucker (Lactose) nicht gut verdauen können. Bei einer typisch chinesischen Mahlzeit werden verschiedene Vorspeisen Hauptgerichte sowie der Nachtisch gleichzeitig zubereitet in verschiedene Schüsselchen gegeben und gemeinsam auf den Tisch gestellt. Man wird darunter Scharfes aber auch Süßsaures finden. Auf jeden Fall gibt es morgens mittags abends ausreichend Reis. Er darf bei keiner Mahlzeit fehlen. So nennen Chinesen ihre Mahlzeiten sogar Morgenreis Mittagsreis und Abendreis.

Merkwissen Die Kommasetzung bei Appositionen und nachgestellten Erläuterungen

1 Die **Apposition** (→ S. 49) folgt ihrem Bezugswort (meist ein Nomen/Substantiv), steht im gleichen Kasus wie dieses und wird **durch Kommas abgetrennt**, z. B.: *Asien, ein vielseitiger Kontinent, lockt viele Touristen an.*
2 Die **nachgestellte Erläuterung** wird oft mit Wörtern wie *nämlich, und zwar, vor allem, das heißt (d. h.), zum Beispiel (z. B.)* eingeleitet. Sie wird **durch Kommas abgetrennt**, z. B.:
Verschiedene Religionen, zum Beispiel den Buddhismus, kann man hier entdecken.

2 a Markiere im folgenden Text die Appositionen und die nachgestellten Erläuterungen.
b Setze die fehlenden Kommas.

Zu Gast in der indischen Provinz Ladakh

In Ladakh einer indischen Provinz im höchsten Gebirge der Welt nämlich dem Himalaya wird einem Gast als Erstes ein Tee angeboten. Dieser Tee wird in kleinen Gefäßen aus unterschiedlichem Material häufig aus Ton oder Metall serviert und riecht sehr streng. Er besteht aus Schwarztee, Salz und der Butter von Yaks einer dort heimischen Rinderart. Diese Butter ein kostbares Nahrungsmittel in der kargen und kalten Gegend schmeckt ranzig und intensiv nach Kuh. So zeigt sich in der freundlichen Frage „Butter tea?" so der Name des Tees zwar die äußerst herzliche Gastfreundschaft der Ladakhis, den Tee mit freundlichem Gesichtsausdruck zu trinken, kann dem Gast aus der Ferne zum Beispiel aus Deutschland aber schwerfallen.

Teste dein Wissen!
Zeichensetzung

1 Setze im folgenden Text die fehlenden Kommas. (8 Punkte)

Afrika „isst" anders

In vielen ostafrikanischen Ländern zum Beispiel in Kenia Tansania oder Uganda wird täglich Ugali gegessen. Das ist ein klebriger sättigender geschmacksneutraler Maisbrei der mit der rechten Hand zu kleinen Kugeln geformt wird. Niemals wird mit der linken Hand gegessen denn sie gilt als unrein. Traditionell essen alle gemeinsam aus einer großen Schüssel. Sobald eine Ugalikugel in der Hand fertig gedreht ist tunkt man damit die Soße auf.

2 Begründe für jeden der folgenden Sätze die Kommasetzung. (4 Punkte)

A In Äthiopien, einem Land am Horn von Afrika, ersetzt ein dünnes Fladenbrot das Besteck.

B Das gesäuerte Brot, das Injera heißt, wird aus Hirse-, Weizen- oder Reismehl hergestellt.

C Die Zusammensetzung des Mehls entscheidet, wie das Brot schmeckt.

D Injera macht nicht nur satt, sondern ein Stück davon dient auch als Teller oder Greifwerkzeug für die Beilage.

3 Korrigiere: Streiche im folgenden Text falsche Kommas durch und ergänze fehlende Kommas. (11 Punkte)

Wusstest du schon dass, in Südafrika gern Fleisch vom Springbock Warzenschwein und der Oryxantilope gegessen wird? Der größte Vogel der Erde der Strauß, wird dort auf Farmen gezüchtet denn sein Fleisch schmeckt lecker. „Smaaklike ete", das heißt „Guten Appetit" wünschen sich die Südafrikaner auf Afrikaans. Afrikaans ist eine Sprache die aus dem Niederländischen stammt sie ist heute eine, von 11 Amtssprachen in Südafrika.

Vergleiche deine Ergebnisse mit dem Lösungsheft. Für jede richtige Antwort bekommst du einen Punkt.

☺ 23–18 Punkte	😐 17–11 Punkte	☹ 10–0 Punkte
Gut gemacht!	Gar nicht schlecht, aber lies dir das Merkwissen auf den Seiten 84 bis 86 noch einmal genau durch.	Arbeite die Seiten 84 bis 86 noch einmal genau durch.

Teste deinen Lernstand!

Wie kannst du mit der folgenden Einheit arbeiten?

1 Der folgende Test (S. 90–95) hilft dir zu erkennen, was du im Fach Deutsch schon alles gelernt hast: Was weiß ich? Was kann ich? Wo bin ich noch unsicher? Wo habe ich Lücken? Du kannst mit dem Test verschiedene Bereiche prüfen:
- das **Verstehen von Texten** (Aufgaben Teil A),
- **Grammatik** (Aufgaben Teil B),
- **Rechtschreibung** (Aufgaben Teil C) und
- das **Schreiben von Texten** (Aufgaben Teil D).

Du kannst den Test am Ende des Schuljahres durchführen, wenn du wissen willst, ob du erfolgreich gelernt hast. Du kannst aber auch in der Mitte des Schuljahres testen, in welchen Bereichen du Schwächen hast und noch einmal besonders üben musst.

2 In dem Test begegnen dir verschiedene **Aufgabenarten**, z. B.: in einer Auswahl an möglichen Antworten die richtige ankreuzen (Multiple-Choice), Lückentexte richtig ausfüllen, Kurzantworten geben oder zu Grafiken und Stichwörtern einen Sachtext schreiben.

3 Lies die Texte und die **Aufgabenstellungen** immer sehr aufmerksam und überlege, bevor du z. B. vorschnell ankreuzt, ob du jeweils **genau verstanden** hast, was verlangt wird.

4 Du kannst deine Antworten mithilfe des Lösungsheftes selbst prüfen und anhand der erreichten Punktzahl deinen **Lernstand bewerten**.
Vielleicht kannst du den Test auch zusammen mit einer Partnerin oder einem Partner schreiben. Abschließend könnt ihr eure Fehlerschwerpunkte feststellen und beraten, was noch einmal geübt werden sollte.

A Einen Text verstehen

Lies den folgenden Text über Achterbahnen und löse die Aufgaben auf den nächsten Seiten.
Beachte: Bei Multiple-Choice-Aufgaben ist immer nur eine Lösung richtig.

Nervenkitzel kopfüber – Achterbahnen

☐ Aufgeregtes Kreischen durchschallt die riesige Halle im kanadischen Galaxyland-Vergnügungspark. Die leuchtend gelben Wagen der Mindbender-Achterbahn schießen den ersten Looping hinauf, durchrasen den zweiten. Im dritten Looping scheinen die Wagen am höchsten Punkt der Kurve nahezu festzuhängen. Doch die Schwerkraft siegt und der Zug setzt seine Fahrt zur nächsten Steilkurve fort.

☐ Riesige Achterbahnen mit schwindelerregenden Streckenführungen gehören heute zu den Hauptattraktionen von Vergnügungsparks in aller Welt. Dass man sich in diesen sogenannten Megacoastern[1] ohne Gesundheitsgefahren dem Wechselspiel der Beschleunigungen aussetzen kann, ist zu einem großen Teil dem deutschen Ingenieur Werner Stengel zu verdanken. Bis in die 1970er Jahre mussten Achterbahnfans bei Loopingfahrten mit Schleudertraumen und Schlüsselbeinbrüchen rechnen. Dann erforschte Stengel die während der Fahrt auftretenden Kräfte genau und

1 Megacoaster: Riesen-Achterbahn, von engl. Rollercoaster (Achterbahn)

konstruierte einen Looping, der dem Passagier nicht an den Knochen zerrt. Dazu verwendete er eine spezielle Kurventechnik, die auch beim Bau von Straßen und Eisenbahntrassen zum Tragen kommt.

Doch Loopings erschienen dem Ingenieur schnell langweilig. „Das sieht von außen ziemlich beeindruckend aus. Aber Loopings kann man mit einem Glas Wasser in der Hand fahren, ohne etwas zu verschütten", winkt Stengel heute ab. Er suchte größere Herausforderungen. Neue Streckenführungen wie Herzkurven und Spiralen schaute er sich von bekannten Flugmanövern ab. Doch der Konstrukteur steigerte nicht nur die Angstlust[2] der Kirmesbesucher, er kümmerte sich auch intensiv um die Verbesserung ihrer Sicherheit. So gehen die automatischen Bremsen bei Achterbahnen auf Stengel zurück.

Sein Ingenieurbüro konnte mit seinen Analysen, Erfindungen und Konstruktionsmethoden bald eine große Zahl von Achterbahnbauern überzeugen. Heute hat der mittlerweile über siebzigjährige Firmengründer die Geschäfte an seine Nachfolger übertragen. Doch Stengel wagt gern ab und zu noch eine Fahrt mit seiner Lieblingskonstruktion, der „Expedition Geforce" im Holiday Park im rheinland-pfälzischen Haßloch.

2 die Angstlust: Freude an aufregenden oder sogar angsterregenden Tätigkeiten

Top Five – Die schnellsten Achterbahnen der Welt

Platz	Name	Vergnügungspark	Geschwindigkeit	Höhe
1	**Kingda**	Six Flags Great Adventure, New Jersey (USA)	**205 km/h**	**139 m**
2	**Top Thrill Dragster**	Cedar Point, Sandusky, Ohio (USA)	**193 km/h**	**130 m**
3	**Dodonpa**	Fuji-Q Highland, Fujiyoshida (Japan)	**170 km/h**	**52 m**
4	**Tower of Terror II**	Dreamworld, Coomera, Queensland (Australien)	**160 km/h**	**115 m**
5	**Steel Dragon 2000**	Nagashima Spa Land, Kuwana (Japan)	**150 km/h**	**97 m**

Aufgabe 1

Kreuze die richtige Antwort an. In dem Text „Nervenkitzel kopfüber – Achterbahnen" geht es um … **1 Punkt**

A verschiedene Konstruktionsprobleme bei Achterbahnen.

B die Lebensgeschichte des Ingenieurs Werner Stengel.

C die Gefahren beim Fahren von Loopings.

D die technischen Leistungen des Ingenieurs Werner Stengel als Achterbahnkonstrukteur.

Punkt

Aufgabe 2

Der Text hat vier Sinnabschnitte: Welche der folgenden Zwischenüberschriften passt zu welchem Abschnitt? Trage den jeweiligen Buchstaben dort ein. **4 Punkte**

A Verbesserte Technik **B** Sausen mit 70 **C** Looping ohne Risiko **D** Dreimal kopfüber

Punkte

Aufgabe 3

Kreuze für jede der folgenden Aussagen an, ob sie richtig oder falsch ist. **5 Punkte**

	richtig	falsch
A Früher konnte Achterbahnfahren zu Verletzungen führen.		
B Achterbahnen bremsen in speziellen Aufwärtskurven ab.		
C Werner Stengel ließ sich von Flugmanövern anregen.		
D Die von Werner Stengel verwendete Kurventechnik gibt es auch im Straßenbau.		
E Loopings sind lebensgefährlich.		

Punkte

Aufgabe 4

Kreuze für jede der folgenden Aussagen an, ob sie richtig oder falsch ist. **5 Punkte**

Die Grafik über die fünf schnellsten Achterbahnen auf der Welt …

	richtig	falsch
A informiert über Höhe und Geschwindigkeit jeder dieser Achterbahnen.	☐	☐
B ist ein Balkendiagramm.	☐	☐
C informiert über Geschwindigkeit und Kurvenzahl der Achterbahnen.	☐	☐
D ist eine Tabelle.	☐	☐
E zeigt die fünf besten Achterbahnen in den USA.	☐	☐

☐ Punkte

Aufgabe 5

Lies in der Spalte rechts das Gedicht „Die Schaukel" und kreuze das Thema an. **1 Punkt**

Im Gedicht „Die Schaukel" geht es um …

A ☐ schöne Aussichten auf die Landschaft.

B ☐ den „Flug-Genuss" auf einer Schaukel.

C ☐ das Schwindelgefühl im Karussell.

D ☐ die Angst vorm Absturz von einer Schaukel.

☐ Punkt

Richard Dehmel

Die Schaukel

Auf meiner Schaukel in die Höh,
was kann es Schöneres geben!
So hoch, so weit: die ganze Chaussee
und alle Häuser schweben.

Weit über die Gärten hoch, juchhee,
ich lasse mich fliegen, fliegen;
und alles sieht man, Wald und See,
ganz anders stehn und liegen.

Hoch in die Höh! Wo ist mein Zeh?
Im Himmel! ich glaube, ich falle!
Das tut so tief, so süß dann weh,
und die Bäume verbeugen sich alle.

Und immer wieder in die Höh,
und der Himmel kommt immer näher;
und immer süßer tut es weh –
der Himmel wird immer höher.

Aufgabe 6

Was geschieht in der dritten Strophe?
Kreuze die richtige Antwort an. **1 Punkt**

Das lyrische Ich …

A ☐ stößt sich den Zeh.

B ☐ verunglückt und stürzt ab.

C ☐ stellt sich einen Sturz vor.

D ☐ verletzt sich.

☐ Punkt

Aufgabe 7

Richard Dehmel verwendet im Gedicht eine Personifikation. Unterstreiche sie im Text. (1 Punkt) **2 Punkte**
Schreibe auf: Welche Wirkung erzielt er mit dem sprachlichen Bild? (1 Punkt)

____

____

☐ Punkte

Aufgabe 8

Kreuze die richtige Antwort an. **1 Punkt**

Das Wort „und" wird am Versbeginn häufig wiederholt, …

A ☐ um die Eintönigkeit zu betonen.

B ☐ weil „und" gut klingt.

C ☐ weil Gedichte Wiederholungen haben müssen.

D ☐ um die Fülle der Eindrücke zu betonen.

☐ Punkt

B Grammatik

Aufgabe 9

11 Punkte

a Unterstreiche in dem Text über einen Parabelflug alle Sätze, die im Passiv stehen. (4 Punkte)
b Umkreise in diesen Sätzen jeweils die Passivformen. (4 Punkte)
c Wandle die Sätze B, F und I ins Passiv um. (3 Punkte)

Schwerelos beim Parabelflug

A Bei einem sogenannten Parabelflug wird künstlich Schwerelosigkeit erzeugt. B Ein speziell ausgerüstetes Flugzeug führt einen schnellen Steilflug nach oben aus. C Dabei werden die Passagiere mit dem Doppelten ihres Körpergewichts an den Boden gepresst. D Dann fliegt das Flugzeug eine rasante Abwärtskurve. E Es befindet sich jetzt im freien Fall und dadurch sind alle Passagiere und Gegenstände schwerelos. F Die Piloten fangen das Flugzeug später aus dem Sturz ab. G Diese Flugbewegung wird bis zu 30 Mal wiederholt. H Durch den achterbahnartigen Kurvenflug wird der Orientierungssinn verwirrt. I Die Kurven nennt man Parabeln.

Satz **B**: ______________________________

Satz **F**: ______________________________

Satz **I**: ______________________________ ☐ Punkte

d Welche veränderte Wirkung entsteht durch die Umwandlung ins Passiv? **1 Punkt**

A ☐ Der Vorgang steht im Zentrum, nicht der Handelnde.
B ☐ Der Handelnde steht im Zentrum, nicht der Vorgang.
C ☐ Die Wirkung bleibt gleich.
D ☐ Der Text klingt besser.

☐ Punkt

Aufgabe 10

12 Punkte

a Unterstreiche die Konjunktionen, die die Nebensätze einleiten. (6 Punkte)
b Bestimme die Art der Nebensätze (Gliedsätze) und trage die Buchstaben unten ein. (6 Punkte)

Fotografieren im freien Fall

A Es gab kein Oben und Unten mehr, sodass man frei im Raum schweben konnte.

B Ich fühlte mich, als hätte ich gar kein Gewicht mehr.

C Damit ich die Umgebung neu wahrnehmen konnte, setzte ich mich immer wieder an die Decke.

D Während ich Purzelbäume in der Luft schlug, fühlte ich mich glücklich und frei.

E Vor dem Abstürzen hatte ich nie Angst, obwohl wir uns im freien Fall befanden.

F Das Fotografieren war allerdings nicht so einfach, weil man ohne Halt leicht irgendwo anstößt.

☐ Modalsatz (Art und Weise)
☐ Kausalsatz (Grund)
☐ Temporalsatz (Zeit)
☐ Konzessivsatz (Einräumung)
☐ Konsekutivsatz (Folge)
☐ Finalsatz (Absicht, Zweck)

☐ Punkte

C Rechtschreibung

VORSICHT, FEHLER!

Aufgabe 11

Die folgende E-Mail enthält viele Fehler. Unterstreiche im Text die falsch geschriebenen Wörter und verbessere sie in der rechten Spalte. **7 Punkte**

Noch heute abend antworten: Einladung zur Geburtstagsfeier! Freut euch, denn wir dürfen am samstag feierngehen. Seid ihr … *schwindelfrei*? Ich habe mir nemlich das Achterbahn fahren im Vergnügungspark gewünscht. Dort steht auch eines der grösten Riesenräder in Europa. Oben erwartet uns etwas schönes: Wir werden einen Aussblick über die ganze Stadt haben. … *seefest*? Denn es gibt auch eine risige, neue Schifschaukel. Beim Schaukeln heist es da festhalten! … *mutig*? Dann könnt ihr mit mir auf den Freifalturm kommen. Das wird ein kribbeln im Bauch geben, wenn wir aus 30 Metern Höhe nach unten Rauschen. Ich freue mich auf euer Kommen!

Emma

☐ Punkte

Aufgabe 12

Kläre für die unterlegten Wörter, ob sie groß- oder kleingeschrieben werden. Streiche den falschen Anfangsbuchstaben durch. **6 Punkte**

Ein gruseliges Abenteuer

Haunted Mansion ist eine ganz B/besondere Geisterbahn.
Die Fahrgäste B/bewegen sich in einer hängenden, vibrierenden, drehenden und kippenden G/gondel durch das Geisterhaus.
Schauriger Nervenkitzel ist G/garantiert.

Fliehkräfte hautnah E/erleben

Das W/wildeste ist der Transformer. Hier erleben die M/mutigen einen besonderen K/kick. An einem V/verlängerten Arm werden die Gondeln während der Fahrt durch die Fliehkraft nach A/außen gewirbelt. Der Transformer bewegt sich in 16 m H/höhe in jede vorstellbare Richtung. Ein M/muss für jeden Karussellfan!

☐ Punkte

Aufgabe 13

Welche Fehler liegen vor? **4 Punkte**

a Korrigiere jedes der unterstrichenen Fehlerwörter in der linken Zeile. (2 Punkte)
b Begründe rechts daneben die Schreibweise. (2 Punkte)

A Max will fliegenlernen ______

B Lena liebt das Auto fahren. ______

C Am nächsten morgen ist schulfrei. ______

D Kinder schlafen spät Abends. ______ ☐ Punkte

D Einen informativen Text schreiben

Aufgabe 14

Schreibe für die Schülerzeitung einen informativen Text über den Sprung von Felix Baumgartner.

a Lies die Informationen auf dem Stichwortzettel genau. Bringe sie in eine sinnvolle Reihenfolge, indem du Nummern einträgst.
b Überlege dir eine passende Überschrift.
c Schreibe den Text in dein Heft.

Tipp Beachte beim **sachlichen Schreiben**:
- Gliedere sinnvoll.
- Verzichte auf Wertungen und Meinungen.
- Achte auf das Tempus (Präteritum). Der Ausblick kann im Präsens stehen.
- Wandle direkte in indirekte Rede um.

26 Punkte

A ☐ *Alter: 43, österreichischer Abenteurer und Extremsportler*

B ☐ *Felix Baumgartner nach dem Sprung: „Wenn man da oben steht, wird man demütig. Du denkst nicht mehr daran, Rekorde zu brechen, du denkst auch nicht mehr daran, wissenschaftliche Daten zu sammeln. Du willst nur noch lebend zurückkommen …"*

C ☐ *Amerikaner Joe Kittinger (Testpilot der US-amerikanischen Luftwaffe) hielt die Rekorde seit über 50 Jahren (ähnlicher Sprung 1960 als Projekt zur Weltraumforschung); Kittinger beriet Baumgartner bei seinem Sprung*

D ☐ *Pläne: Buchveröffentlichung „Himmelsstürmer – Mein Leben im freien Fall"*

E ☐ *14. Oktober 2012, Wüste von New Mexico: Aufstieg Felix Baumgartners in die Stratosphäre mit heliumgefülltem Ballon im Schutzanzug; Temperatur: -57 °C; Höhe: über 39 Kilometer, Sprung aus der Kapsel; Beschleunigung des Körpers auf 1343 km/h (Schallmauer durchbrochen); Öffnung des Fallschirms nach freiem Fall von über 4 Minuten, sichere Landung nach etwa 9 Minuten*

F ☐ *drei Rekorde: höchste bemannte Ballonfahrt, höchster Fallschirmsprung, höchste Geschwindigkeit eines Menschen ohne besondere Schutzhülle*

Die Punkteverteilung findest du im Lösungsheft auf S. 32. ☐ Punkte

Textquellenverzeichnis

24 Hebel, Johann Peter: Der Babierjunge von Segringen, aus: Winfried Theiss (Hg.): Johann Peter Hebel. Schatzkästlein des rheinischen Hausfreundes. Kritische Gesamtausgabe. Stuttgart: Reclam 1999, S. 159 ff.; **32** Flick, Sebastian: Ein Wunder an Körperbeherrschung. Bonner General-Anzeiger, 27. 2. 2012, S. 12; **34** Munker, Barbara: Kerpener verzaubert Las Vegas. Bonner General-Anzeiger, 20. 7. 2012, S. 27; **42** Kürenberg, Der von: Ich zôch mir einen valken / Ich zog mir einen Falken, aus: Deutsche Lyrik des frühen und hohen Mittelalters. Edition der Texte und Kommentare Ingrid Kasten. Übersetzungen von Margherita Kuhn. Frankfurt/Main: Deutscher Klassiker Verlag, 1995, S. 44; **43** Ein Textauszug aus der Lutherbibel im Wandel der Zeit, aus: Bütow, Wilfried und andere: Kurze deutsche Grammatik, Volk und Wissen Verlag, Berlin 1988; **67** Schlafen am Nordpol – eine Freizeitbeschäftigung. Aus: Laffon, Caroline und Martine: Kinder in fernen Ländern – für uns erzählt. Knesebeck Verlag, München 2005, S. 43; **87** Omar in der Karibik. Nach: Kindersley, Barnabas und Anabel: Kinder aus aller Welt. Dorling Kindersley, München 2010, S. 16 f.; **76** Olja aus Moskau. Nach: Kindersley, Barnabas und Anabel: Kinder aus aller Welt. Dorling Kindersley, München 2010, S. 30 f.; **92** Dehmel, Richard: Die Schaukel. Aus: Gesammelte Werke. Sechster Band. Gedichte, Spiele und Geschichten für Kinder und Eltern jeder Art. S. Fischer Verlag, Berlin 1908.

Bildquellenverzeichnis

Illustrationen
Uta Bettzieche, Leipzig: S. 19–20, 22, 29-30, 33, 36, 44
Maja Bohn, Berlin: S. 24–25, 42, 78–79, 81
Nils Fliegner, Hamburg: S. 46–47, 50, 53, 55, 58, 60
Peter Menne, Potsdam: S. 7, 62–63, 66–67, 72, 76–77

Weitere Bildquellen
4 © iStockphoto.com/mustafaozkok; **5** © Andrik Hackmann, Polizeiinspektion Diepholz; **9** unten rechts: © fotodesignjegg.de – Fotolia.com, unten links: © Piotr Marcinski – Fotolia.com, oben links: © pete pahham – Fotolia.com, Mitte: © Digitalpress – Fotolia.com, oben rechts: © Kathrin39 – Fotolia.com; **12** © iStockphoto.com / Muammer Mujdat Uzel; **13, 14, 15** © BPK/Scala; **16** © T. Lieder – Fotolia.com; **27** unten: © wonderisland – Fotolia.com, oben rechts: © Bastos – Fotolia.com; **31** picture alliance / Mary Evans Picture Library; **32, 35, 45, 49** oben rechts; **71, 95** picture alliance / dpa; **39** © Elnur – Fotolia.com; **40** © auremar – Fotolia.com; **48** Mitte links: picture alliance / akg images, Mitte rechts: © Zoo Frankfurt, Mitte: © h_lunke – Fotolia.com; **49** unten rechts: picture alliance / dpa © dpa – Fotoreport; **51** picture alliance / picture alliance; **54** freestyle-physics, Universität Duisburg-Essen, www.freestyle-physics.de; **56** © Ichbins11 – Fotolia.com; **62** Michélle Pyka, Wuppertal; **65** Mitte rechts: © mit freundlicher Genehmigung des Deutschen Kinderhilfswerkes, rechts: Mit freundlicher Genehmigung von UNICEF Deutschland, www.unicef.de; **68** unten rechts: © Hugo Félix – Fotolia.com; **70** ullstein bild – Imagno / VHS-Archiv; **74** © Gerhard Seybert – Fotolia.com; **75** © SOMATUSCANI – Fotolia.com; **76** Getty Images – altrendo images; **81** unten rechts: © kernel – Fotolia.com, oben rechts: © fuxart – Fotolia.com; **83** © Yuri Arcurs – Fotolia.com; **84** picture alliance / Sodapix AG; **85** © arsdigital – Fotolia.com; **87** Getty Images – Eric Gregory Powell; 89 picture alliance / dpa © dpa – Report; **90** Wikimedia Commons, Strifedaniel at en.wikipedia; **93** © Novespace; **94** © Birgit Reitz-Hofmann – Fotolia.com

Impressum

Die Grundlage für dieses Werk wurde erarbeitet von Cordula Grunow, Angela Mielke, Deborah Mohr, Vera Potthast, Irmgard Schick, Bernd Schurf, Sandra Simberger und Andrea Wagener.

Redaktion: lüra – Klemt & Mues GbR, Wuppertal, Susanne Schulze, Grit Ellen Sellin
Bildrecherche: lüra – Klemt & Mues GbR, Wuppertal, Eireen Junge
Gesamtgestaltung und technische Umsetzung: Studio SYBERG, Berlin
Umschlagillustration: Peter Hils, Berlin

www.cornelsen.de

1. Auflage, 2. Druck 2014

Alle Drucke dieser Auflage sind inhaltlich unverändert und können im Unterricht nebeneinander verwendet werden.

© 2013 Cornelsen Schulverlage GmbH, Berlin

Das Werk und seine Teile sind urheberrechtlich geschützt. Jede Nutzung in anderen als den gesetzlich zugelassenen Fällen bedarf der vorherigen schriftlichen Einwilligung des Verlages. Hinweis zu den §§ 46, 52 a UrhG: Weder das Werk noch seine Teile dürfen ohne eine solche Einwilligung eingescannt und in ein Netzwerk eingestellt oder sonst öffentlich zugänglich gemacht werden. Dies gilt auch für Intranets von Schulen und sonstigen Bildungseinrichtungen.

Druck: Stürtz GmbH, Würzburg

ISBN 978-3-06-061996-2

PEFC zertifiziert
Dieses Produkt stammt aus nachhaltig bewirtschafteten Wäldern und kontrollierten Quellen.
www.pefc.de
PEFC/04-31-1404